Annette Lies

NEIN ist meine Superkraft

Wie du mit einem kleinen Wort dein ganzes Leben verbesserst

mvgverlag

Bibliografische Information der Deutschen Nationalbibliothek
Die Deutsche Nationalbibliothek verzeichnet diese Publikation in der
Deutschen Nationalbibliografie. Detaillierte bibliografische Daten sind
im Internet über http://d-nb.de abrufbar.

Für Fragen und Anregungen
info@mvg-verlag.de

1. Auflage 2021
© 2021 by mvg Verlag, ein Imprint der Münchner Verlagsgruppe GmbH
Türkenstraße 89
80799 München
Tel.: 089 651285-0
Fax: 089 652096

© Annette Lies
Dieses Werk wurde vermittelt durch die Textbaby Medienagentur, www.textbaby.de

Die gewählte männliche Form bezieht sich immer zugleich auf weibliche, männliche
und diverse Personen. Auf konsequente Mehrfachbezeichnung wurde aufgrund bes-
serer Lesbarkeit verzichtet.

Redaktion: Sybille Beck
Umschlaggestaltung: Karina Braun
Umschlagabbildung: Shutterstock.com/ByeByeSSTK
Satz: Achim Münster, Overath
Druck: CPI books GmbH, Leck
Printed in Germany

ISBN Print 978-3-7474-0276-4
ISBN E-Book (PDF) 978-3-96121-625-3
ISBN E-Book (EPUB, Mobi) 978-3-96121-626-0

**Wir produzieren
nachhaltig**
www.m-vg.de

Weitere Informationen zum Verlag finden Sie unter

www.mvg-verlag.de

Beachten Sie auch unsere weiteren Verlage unter www.m-vg.de

Annette Lies

Inhalt

Willkommen im Nowana!

Haben Sie schon einmal erlebt, dass Sie sich in unliebsamen Lebenslagen wiederfinden, sagen wir einer WhatsApp-Gruppe, mit Bronchitis als Komparse am Set von *Notruf Hafenkante* oder bei einem Absacker, obwohl Sie morgen früh joggen wollten? Dann sind Sie hier genau richtig! Denn alles das sind Rollen und Situationen, in denen nicht Ihr *wahres Ich* Sie gelenkt hat.

Mit jedem neuen Sonnenaufgang werden Dinge an uns herangetragen, auf die wir uns mehr oder weniger einlassen (je nach dem Grad Ihrer Nein-Problematik), obwohl sie uns nicht behagen, wir sie nicht leisten können oder wollen, oder sie uns anderweitig überfordern. Im besten Fall kaufen Sie nur ein Doppelpack Duschgel, weil es im Angebot ist, im schlimmsten Fall finden Sie sich in einem Bett, einer unglücklichen Beziehung oder ganzen Lebenslage wieder, von der Sie eigentlich vorher wussten, dass es Murks ist. Dieses *eigentlich* ist nämlich ein *Nein*. Eines, das nicht ausgesprochen, vor sich selbst nicht akzeptiert oder gar nicht erst gespürt worden ist. Allerdings muss man auch wirklich auf Zack sein, um so ein *Nein* rechtzeitig umzusetzen. Und zwar so, dass es unsere eigenen Grenzen wahrt, andere nicht verletzt und doch ganz deutlich klarmacht: *Schätzelein, is nicht!*

Was lustig klingt und manche Menschen mit der Muttermilch aufgesogen haben, ist für andere so schwer durchführbar wie ein gefahrloser Rachenabstrich beim Nilpferd. Und belastender Ernst.

Obwohl sie es wirklich nicht wollen, finden sich diese Menschen regelmäßig in einer ungeeigneten Wohnung, einer übergriffigen Freundschaft oder einem unpassenden Handyvertrag wieder – und in diesem Text.

Sie wissen nicht, wovon ich spreche, Ihnen ist so etwas noch nie passiert und Sie können sich auch nicht vorstellen, wie jemand anders so gravierend über Ihr Leben entscheiden sollte? Dann gratuliere ich Ihnen: Sie brauchen dieses Buch nicht zu lesen! Allen anderen rate ich dringend dazu, denn Ihnen kann geholfen werden! Mit Selbsterkenntnis, Mut und Übung.

Auf den folgenden Seiten halten Sie gewissermaßen das *Schwert von Gryffindor* in Händen, um sich ab sofort gegen die dunklen Ja-Mächte zu verteidigen. Als da wären Fremde, Bekannte, Freunde, Kollegen und sogar Familienmitglieder. Nein sagen kennt keine Grenzen! Anhand des *Nö-nö-Schnabeltiers* und des *NEINhorns* (niemand Geringerer als der zeitweilige Anführer der *Spiegel*-Bestseller-Liste) erkennen Sie den Bedarf schon bei den Jüngsten. Denn die Fähigkeit, Nein zu sagen, ist für unsere Seele so elementar wie das Laufenlernen für unseren Körper. Und gehört zu den Grundrechten eines jeden Menschen! Auch Ihren.

Sofern Sie meiner Generation entstammen, erinnern Sie sich vielleicht noch an den Song »No, No, No« der Jamaikanerin Dawn Penn aus dem Jahre 1994, der gar nicht so hieß, sondern »You don't love me«. Aber eben der prägnante Refrain war es, der ihn zum Hit machte. Immer, wenn Sie nun in eine *Eigentlich-Situation* geraten, können Sie ihn in Ihrem Kopf abspielen. Zum einen bringt der gechillte Reggae-Groove eine gewisse Ruhe in die Situation (Neinsagen ist Timing!), zum anderen wird er Sie bestärken, und drittens dient er uns an dieser Stelle als schmissige Intro-Musik zu unserer – Ihrer – persönlichen Reise, gleich einem Soundtrack.

Im Buddhismus bezeichnet der Begriff »Nirvana« oder auch »Nirwana« den Austritt aus dem Samsara, dem Kreislauf des Leidens. Dieses Buch vermittelt Ihnen das nötige No-How dazu. Sagen Sie Ja! Es könnte Ihr letztes für eine sehr lange Zeit sein. Und ich verspreche Ihnen: Es wird ein kleiner Schritt für Ihren Kehlkopf, aber ein großer für Ihr Leben sein! Das sich mit diesem winzigen Wort exponentiell verbessern wird …

Das kleine Neinmaleins

Warum es uns so schwerfällt, Nein zu sagen

Waren Sie schon einmal wandern? Ja? Nein? Das ist keine Fang-frage, ich will Ihnen bloß etwas aufzeigen. Und das geht mit so einem Vergleich wirklich gut. Denn da erklärt man etwas, das einem wenig vertraut ist (Neinsagen) mit etwas, das man schon kennt (Berge).

Stellen wir uns also vor, das solide, fest und unaufgeregt in Ihre Persönlichkeit integrierte *Nein* ist eine Hütte – mit verheißungs-vollen Schupfnudeln, warmem Apfelstrudel, süßem Kakao und einem stolzen Eintrag am Gipfelkreuz, ja? Der Haken daran: Sie haben den Aufstieg noch vor sich.

Warum dieser nun so beschwerlich, gar gefährlich, sein könnte, und Sie vielleicht sogar umdrehen wollen, hängt von verschiede-nen Faktoren ab: Dem Wetter (Nebel), Ihrer Ausrüstung (Schuh-werk), der Eignung Ihres Bergführers (wie gut verstehen Sie Schwi-zerdütsch?) und Ihrer individuellen Motivation (gibt es hier keine Gondel?). Reinhold Messner würde jetzt sicherlich protestieren und entweder noch tausend andere Sachen anführen oder aber sagen, dass barfuß loslaufen reicht, aber diese Metapher dient natürlich nur zur Veranschaulichung und soll Ihnen an dieser Stelle vermitteln:

Nein sagen lernen ist ein ebenso multifaktorielles Geschehen wie die Besteigung des K2. Eine Expedi-tion, die nicht ganz ohne ist und für die Sie ein biss-chen Ausrüstung brauchen, deren Erfolg Sie aber maßgeblich selbst beeinflussen können!

Durch theoretisches Wissen, praktisches Training, Anleitung durch einen qualifizierten Mentor (dieses Buch) und den Grund, aus dem Sie da rauf wollen – wahlweise Leidensdruck oder Neugier. In je-dem Fall aber:

Der Wunsch nach persönlicher Weiterentwicklung!

Das alles sage ich deshalb, weil es Ihre Erfolgschancen maßgeblich steigert, wenn Sie die Sache richtig einschätzen. Sie dürfen sich also sehr darauf freuen, den Berg zu bezwingen, sollten aber auch wissen, dass es zuweilen kein Spaziergang wird. Neinsagen ist eine grundlegende *Änderung Ihres Verhaltens* und glauben Sie mir – unsere Psyche hat was dagegen! Sonst würden Sie längst täglich meditieren, Ihr Sixpack im Spiegel bewundern und Ihrer Steuererklärung entgegenfiebern. Ganz ohne Kaffee, Alkohol oder Süßkram, dafür mit farblich sortiertem Kleiderschrank. Aber bisher sind Sie ja auch so ganz gut durchgekommen, oder?

Schön, hier und da haben Sie gelitten, wurden verletzt, ausgenutzt und überfordert, aber im Großen und Ganzen haben Sie mit Ihrer Strategie bis zum heutigen Tage überlebt. Vor allem in der Kindheit – und genau da liegt der Hase im Pfeffer.

Auch auf die Gefahr hin, dass Sie einschlägig vorgebildet sind und das ganze *Innere-Kind-Gedöns* nicht mehr hören können, leider führt auch hier kein Trampelpfad daran vorbei. Denn was wir in dieser verletzlichen Zeit lernen, prägt uns mehr als alles, was noch danach kommt.

Unser Bewusstsein der ersten sieben Lebensjahre wird unser späteres erwachsenes Unterbewusstsein.

Das dürfen Sie ruhig mal kurz sacken lassen!

Der nächste Wegweiser in diesem Zusammenhang ist, dass wir als Kinder abhängig waren. *Abhängigkeit* ist ein Booster, der ultimative Verstärker von allem.

Allein aus biologischem Eigennutz scannen Kinder permanent ihre Umwelt und die Hand, die sie füttert. Und tun das, was dort angesagt ist, um ihr Überleben zu sichern. *Anpassung* nennt man diesen Vorgang – ein evolutionärer Allrounder, um sich selbst unter den jeweiligen Bedingungen die bestmögliche Versorgung und damit Entwicklung angedeihen zu lassen. (Und es bestreitet ja niemand, dass Ihre Eltern Sie nicht auch wirklich geliebt haben, Sie die Spitze auf den Weihnachtsbaum oben setzen durften und all das.) Aber hie und da ist was schiefgelaufen, sonst wären Sie jetzt nicht hier und in Nein-Not.

Irgendwo zwischen dem ersten Schrei, den ersten Töpfchenerfolgen und dem ABC durften Sie sich nicht abgrenzen, keine Wut zeigen oder wurden alleingelassen, wenn Sie Ihrem Unmut freien Lauf ließen. Formen Ihres frühen *Neins*, sozusagen. Das haben Sie spitzgekriegt und dieses unerwünschte Verhalten (kurz, den Ausdruck Ihrer *wahren* Gefühle) schnell gegen ein beliebteres Muster getauscht – zum Beispiel Unterwerfung, Unterdrückung oder gar komplettes Nichtfühlen. Mit einem Lächeln auf den Lippen! Das Blöde daran: Sie erinnern sich heute nicht mehr.

Die Situation ist weg, Ihr Verhalten noch da!

Und deshalb kann jemand Sie heute während Ihrer Existenzgründung, Ihrer Scheidung oder Ihrer Sommergrippe unbehelligt auch noch für den Elternbeirat einspannen, wofür Sie sich fröhlich bedanken, während Ihnen hinterrücks der kalte Schweiß ausbricht. Und das ist nun wirklich nicht lustig, denn obwohl ich es hier so heiter aufbereite:

Eigentlich sind es Todesängste, die uns in solchen Fällen immer noch steuern.

Unser unangepasstes Verhalten bedrohte ja einst tatsächlich unsere Existenz. Zumal Sie keine Alternative hatten, weil Sie sich schlecht selbst das Fläschchen geben konnten, ein Konto eröffnen oder mit dem Auto wegfahren.

Doch was Ihnen damals so dienlich war, funktioniert als erwachsener Mensch nicht mehr. Inzwischen hat sich Ihre Umwelt verändert, weg von der diktatorischen Aufforderung, Ihr Zimmer aufzuräumen, mit anschließender Belohnung durch Liebe, Lob, Spielzeug und Essen, hin zu »Kannst du noch schnell das Grillfleisch für die Betriebsfeier besorgen?«.

Und dann stehen Sie da, mit drei Kilo Hack und einer Rinderhüfte in Ihrem Viertürer, dem vorgestreckten Betrag für die Bürogemeinschaft im Dispo und dem Gefühl: Das wollte ich alles gar nicht! *Eigentlich* ...

Die nicht zu unterschätzenden Folgen: Frustration, Wutanfälle, die Sie sich vielleicht selbst nicht einmal erklären können, oder eine handfeste Depression, Schuppenflechte und ein fieses Erschöpfungssyndrom.

Denn nichts ist anstrengender, als nicht man selbst zu sein.

(Nicht zu verwechseln damit, dass Sie trotzdem Ihre Unterhosen in die dafür vorgesehene Trommel stecken und einen Fahrschein in öffentlichen Verkehrsmitteln lösen sollten, versteht sich.)

Im schlimmsten Fall entwickeln Sie sogar eine Autoaggression, also eine Stinkwut gegen sich selbst, weil Sie sich wieder einmal nicht getraut oder es irgendwie verpasst haben, für sich selbst einzustehen (oder – der Super-GAU – gar nicht erst gemerkt haben, dass Sie sich verpflichten, etwas zu tun, das Sie gar nicht leisten können oder wollen). Und als Resultat schlimmstenfalls dann auch noch etwas *nicht* tun können, das Sie stattdessen tun müssten oder viel lieber tun wollen (arbeiten, Zeit mit den Kindern verbringen, Sudoku, ausschlafen, Netflix, aufs Klo gehen).

Je nachdem, wie vielen dieser unliebsamen Situationen Sie in Ihrer heutigen Gegenwart noch ausgesetzt sind, und in welcher Größenordnung Sie Ihr *wahres Ich* aktuell nicht leben können, kassieren Sie also jede Menge Grenzüberschreitungen und machen sich zur Krönung selbst dafür fertig. Das macht nicht glücklich. Doch keine Sorge: Sie können nachreifen! Hier und jetzt. Ganz gleich, wie alt Sie sind oder was Sie so hinter sich haben. Und ich finde, es lohnt sich durchaus auch noch kurzfristig, sich angesichts einer Patientenverfügung, einer Organspende, einer für Sie unpassenden Bestattungsart oder der Testamentsvollstreckung ein flottes *Nein* draufzuschaffen.

Was nun den Widerstand unserer Psyche angeht, verfügt unser Gehirn, neben einem bequemen Anti-Änderungs-Energiesparmodus, über jede Menge schlauer Mechanismen, um diesen furchtbaren Kindheitskram nicht mehr ertragen zu müssen. Nämlich Vergessen, Verdrängung und manchmal sogar *Spaltung*.

Bei Letzterem wird gleich ein ganzes Gefühl oder ein kompletter, seinerzeit unbeliebter Wesenszug abgeschaltet wie der Reaktor eines Kraftwerks. Die gute Nachricht auch hier: Das Haus verliert nichts. Es ist alles noch da! Nur im Keller.

So stand eine Freundin von mir einst tränenüberströmt da, als der Bus ihres Kindes zur Klassenfahrt abfuhr – und konnte sich keinen Reim auf die Heftigkeit ihrer Reaktion machen. Dass sie im selben Alter ihre eigene Mutter verloren hatte und dieser Moment allertiefste Verlustängste aufriss, wollte ihre Psyche aus Selbstschutzgründen partout in keinen Zusammenhang stellen. Stattdessen strafte sie sich als hochsensible Glucke ab, ohne eigene Hobbys, und las ein paar Bücher mit *loslassen können* im Titel, was die Sache nur verschlimmerte.

Ein anderer Freund von mir litt nach schönen Ereignissen, die ihm Freude machten, wie Geburtstagen oder einem Ausflug in den Vergnügungspark, stets unter der Angst, jemand könne ihn auf der Rückfahrt verprügeln, vor allem, wenn er in öffentlichen Verkehrsmitteln unterwegs war. Auch seinem Psychologen kam das spanisch vor, zumal wir hier von einem durchtrainierten, tätowierten und freundlichen Zweimeterzehn-Mann sprechen. Dass sein Vater ihn in jungen Jahren immer dann geohrfeigt hatte, wenn er es wagte, seiner Freude im Spiel lautstark Ausdruck zu verleihen, war seinem Langzeitgedächtnis gezielt entfallen, nicht aber seinen Synapsen! Das nämlich sind unsere intrakraniellen Verbindungsstücke, die sich bei ihm schlicht merkten: Freude = Schläge, also lassen!

Der leidvolle Rest einer unliebsamen Erinnerung wird also entsorgt, damit unsere Festplatte nicht zu voll wird und wir trotz solcher Erfahrungen später mal gut gelaunt aufstehen und zur Arbeit gehen können, das *Learning* aber wird behalten.

Ja, da kann man sich nun aufregen über so einen Vater, aber bedenken Sie: Gerade solche Menschen sind fast ausnahmslos selbst das Opfer eines Opfers gewesen. Und die eigentliche Frage lautet letztlich ja auch nicht *Was ist das Problem?*, sondern immer: Was ist die Lösung? Und an der können Sie nun selbstbestimmt arbeiten.

Abgesehen von diesen Schutzmechanismen aufgrund unserer individuellen Vita, die uns den Zugang zum Keller erschweren, gibt es noch weitere smarte Finessen, die uns daran hindern, uns authentisch zu verhalten und anderen Menschen so gegenüberzutreten, wie es unserer Seele entspricht. Sie also auch von Ihrem Ur-Nein trennen. Historische und pädagogische Prägungen zum Beispiel ...

Als Mutter besitze ich ein eigenes biologisches Erzeugnis, nennen wir es die *Sumseeule*, bei dem ich versuche, möglichst wenig in der Richtung und überhaupt zu versauen. Mit so einer Sumseeule muss man was unternehmen, also waren wir bei einer Führung mit dem Titel »Einmal Prinzessin« im Schloss Nymphenburg unterwegs. Unter Perücken, Puffärmeln und Puderquaste erfuhren wir Folgendes: »Eine Prinzessin durfte niemals *Nein sagen*, das war eine Todsünde!«

Die Sumseeule war entsetzt – ein gutes Zeichen – dennoch wollten wir uns auf den Schreck mit einem Buch beruhigen. Die Sumseeule zog das neueste Geschenk der Großeltern aus dem Regal: *Der Struwwelpeter*. Ahnen Sie es?

> *»Ich esse keine Suppe! Nein!*
> *Ich esse meine Suppe nicht!*
> *Nein, meine Suppe ess' ich nicht!«*

Am v i e r t e n Tage endlich gar
Der Kaspar wie ein Fädchen war.
Er wog vielleicht ein halbes Lot –
Und war am f ü n f t e n Tage tot.

Tja, Angst bringt Menschen bekanntlich am besten unter Kontrolle. Wenn Sie also zwischen 1844 (das waren die Zeiten vom seinerzeit schwer angesagten Psychiater und Struwwelpeter-Autor Heinrich Hoffmann) und dem 21. Jahrhundert geboren sind, sind Sie mit Ihrer ANS (Allgemeine Nein-Schwäche) also bei Weitem nicht allein. Das Gegenmittel für all diese Prägungen lautet:

Eine Neuprogrammierung muss her!

Dauert etwas, klappt aber gut.

Daher widmen wir uns hier exakt dieser Arbeit: das Kellergerümpel, zur erstmaligen Inbetriebnahme oder Reaktivierung des *Neins* in Ihnen, zu orten, zu stärken und wieder hochzuholen! Ganz gleich, was wann und warum durch wen mit Ihnen passiert ist. Denn auch Ihnen ist Ihr beherztes Nein so natürlich angeboren wie der aufrechte Gang!

Die hat gut reden, sagen Sie jetzt? Ja, natürlich – schließlich habe ich alle erdenklichen Leidensstufen durch. Wie auch viele meiner Freundinnen, von deren Nein-Reise ich in diesem Buch in hilfreichen Fallbeispielen berichten darf. So auch Cordula, die sich an heißen Sommertagen in ihrer Dachgeschosswohnung regelmäßig vier Stunden lang auf dem Küchenfußboden totstellte, um den Anfragen der Nachbarin zu entgehen, ob sie dieses oder jenes mit ihr unternehmen wolle. Wollte Cordula nicht.

Falls Sie nicht auf diese Technik zurückgreifen möchten, brauchen Sie jetzt festes Schuhwerk, gutes Wetter, einen Kompass, Proviant, festen Willen und die nächsten Kapitel. Aber am Ende, da gibt es Schupfnudeln. Sind Sie bereit für den Aufstieg?

Dann willkommen im Basislager! Sagen Sie *Neinhold* zu mir.

No to go

Nein ist nicht nur ein Wort, es ist Ausdruck dessen, dass Sie ...

- die innere Erlaubnis besitzen, sich abzugrenzen,
- den Mut aufbringen, dies zu kommunizieren,
- über die verbalen, energetischen und körperlichen Fähigkeiten verfügen, dies Ihrer Außenwelt so mitzuteilen, dass Sie geschützt sind, aber niemand verletzt wird.

DAHER IST EIN *NEIN* EINE LEISTUNG, UND AUF JEDES EINZELNE KÖNNEN SIE STOLZ SEIN!

Es ist noch kein Neinster vom Himmel gefallen!

Nachdem wir nun grob umfasst haben, worum es hier geht, sollten wir auch noch kurz klären, worum es nicht geht: Arbeitsverweigerung, unterlassene Hilfeleistung oder zu behaupten, Sie hätten eine seltene Blutspende-Allergie. Mit anderen Worten ist der Sinn des Neinsagens nicht, dass Sie Ihrer Schwiegermutter das Tragen der Einkäufe verwehren oder Ihrer besten Freundin das versprochene Chili con Carne beim Umzug – sondern Dinge souverän, bestimmt und dennoch höflich abzulehnen, deren Durchführung Ihr eigenes Wohlbefinden so stark beeinträchtigen würde, dass Sie darunter leiden. Oder Ihnen nahestehende Dritte (Kinder, Haustiere, lieb gewonnene Lebensgefährten). Seelisch, körperlich, finanziell oder sonst wie. In diesem Fall dürfen und *müssen* Sie ablehnen!

Im Zuge Ihres *eigenen bewussten* Selbstschutzprogramms.

Zur Verdeutlichung ein kleines Quiz:

Bei den unten genannten Beispielen 1, 2, 3, 4 und 5 stimmt eine Nein-Antwort nicht mit der Botschaft dieses Buches überein! Können Sie herausknobeln, welche?

1) Ihre quietschfidele Nachbarin schreibt Ihnen eine SMS, dass zwischen 8 und 15 Uhr heute ein Paket kommt, das sie selbst aufgrund einer vorherrschenden Pandemie nicht annehmen möchte. Sie freut sich, dass Sie dies nun tun, und wünscht Ihnen gute Besserung für Ihre Lungenentzündung!

A ☐ Da ich eh schon krank bin, helfe ich gerne!
B ☐ Ich sage Nein.

2) Eine verifizierte Tinder-Bekanntschaft bittet Sie darum, von Ihrer USA-Dienstreise unverzollt einen Laptop zu importieren. Bei Ihrem guten Aussehen drücke man doch sicher ein Auge zu bei den Beamten?

A ☐ Ich bitte sie/ihn, mir genau aufzuschreiben, wie viele elektronische Artikel sie/er benötigt.

B ☐ Ich sage Nein (und freue mich über das Kompliment).

3) Ihr bester Freund bittet Sie um dieselbe Straftat, stellt aber ein gemeinsames Abendessen in Aussicht.

A ☐ Ich sage Nein.

B ☐ Ich nehme das Steak.

4) Ihre alleinerziehende Schwester weint durch die Leitung, dass sie nach einem Unfall in der Notaufnahme sitzt. Sie bittet Sie, spontan Ihre Nichte von der Kita abzuholen.

A ☐ Ich lasse alles stehen und liegen und suche die umliegenden Spielplätze raus.

B ☐ Ich sage Nein und schicke ihr dieses Buch auf Station.

5) Ein Cousin dritten Grades bittet Sie (Sie sind Polizist) an Karneval um Ihre Dienstuniform.

A ☐ Ich lasse die Uniform auf seine Maße ändern und stecke heimlich Kamelle ins Waffenholster.

B ☐ Ich sage Nein.

Gut gemacht! Der Vollständigkeit halber zur selbstständigen Überprüfung hier die richtigen Antworten verkehrt herum:

1B, 2B, 3A, 4A, 5B. Ihrer Schwester sollten Sie helfen!

Ebenso wenig geht es darum, dass Sie sich um das Recycling, den TÜV oder die Unterhaltszahlungen für Ihre Kinder drücken sollten. Im Gegenteil könnte es nun sogar eintreten, dass Sie durch konsequentes, aber gezieltes Neinsagen an der richtigen Stelle mehr Kapazität in Ihrem Leben schaffen. Für Menschen, Tiere, Dinge und Ämter, die Ihren Einsatz verdienen! Allen voran für sich selbst, und so dürfen Sie sich nebenbei auch schon mal darüber klar werden, was Sie in der Welt so alles anstellen möchten. Ohne die vielen Gefälligkeiten, Ausnahmen, die *Mental Load*, die Überstunden, überschüssigen Kilos und den fehlenden Respekt Ihnen und Ihrer Lebenszeit gegenüber. Dafür mit viel Schlaf, Sinn für Kunst, langen Sonnenbädern und jeder Menge Selbstachtung, also einem insgesamt ganz neuen Lebensgefühl. Kurz, über das, was Sie *eigentlich* wollen in Ihrem Leben! (Sollten Sie an dieser Stelle Probleme haben, etwas zu finden: Es geht um genau die Sachen, die Leute immer erwähnen, wenn man sie auf die Rente anspricht. Die Rente ist *das* Synonym für: *Wenn ich könnte, wie ich wollte, und wäre, wer ich bin, dann würde ich ...* Und alles wäre ganz anders. Das *anders*, das nämlich sind Sie. Ihr *echtes* Ich.)

Möglicherweise werden Sie durch Ihr zukünftig verändertes Verhalten auch die eine oder andere neue und bereichernde Freundschaft schließen, weil Sie nicht mehr auf Menschen anspringen, die Ihnen Aufgaben und Lob erteilen, sondern solche, die nichts von Ihnen wollen – außer Freude an und mit Ihnen zu haben. Im Kino oder beim Schlittschuhlaufen, beim gemeinsamen Kochen oder Lachen, und die Sie zu ihrem Geburtstag einladen, weil sie Ihre Lebenserfahrung schätzen, Ihren Humor und schlicht und ergreifend Ihre puristische Gesellschaft. Folglich Ihr *reines Selbst!* Das auch eine Vielzahl unbefangener Neins umfasst.

Möglicherweise auch Ihr Ukulele-Spiel, das Sie jetzt erlernen, weil Sie Ihrer Nachbarin neuerdings zumuten, ihre Katze während ihrer zahlreichen Geschäftsreisen in einer professionellen Pension unterzubringen. Ja, solche Sachen dürfen Sie der Welt ab sofort abverlangen! Denn auch falls Sie diese Erfahrung bisher vielleicht noch nie im Leben oder nur selten gemacht haben: Für Zuneigung, Sympathie und sogar Liebe müssen Sie nichts tun! Nur sein. Wer Sie sind. Liebe *ist*. Ich kenne Sie aber gut? Na klar, ich bin ja eine von Ihnen! Nur jetzt eben mit Schwert in der Hand und als *Nein-Samurai* unterwegs. Und so einer werden Sie auch!

Machen Sie mal eine Bestandsaufnahme: Wie viele solcher Menschen, also der puristischen Ukulele-Hörer und Liebhaber Ihres Neins, befinden sich aktuell in Ihrem Umfeld? Wie oft bekommen Sie einen Anruf, eine SMS oder eine E-Mail, vor der Sie nicht zittern müssen, weil sich darin höchstwahrscheinlich nur jemand erkundigt, wie es Ihnen geht? Na?

Unsere Kommunikationsgeräte sind reine *Ja-Nein-Kanäle*. Und deswegen kommt ihnen hier, als kleiner Abstecher, auch eine besondere Bedeutung zu – denn als qualifizierte *Nein-ist-meine Superkraft*-Leserin befinden Sie sich heutzutage inmitten eines andauernden Meteoritenhagels aus Anfragen, Anliegen, Anmerkungen und Ansagen, der mit Warp II auf Sie zufliegt.

Früher musste man mit dem Boot übersetzen, einen Tagesritt absolvieren, klingeln, einen Brief schreiben, eine Marke kaufen und zur Post gehen, oder dann anrufen, wenn mutmaßlich jemand zu Hause war, sofern man was wollte. Also nach der *Tagesschau* oder dem Mittagessen. Und der Sonntag gehörte der Familie. Es gab inoffizielle Ruhezeiten, in denen man voneinander abließ, außer in einem echten Notfall (Auto springt nicht an, ausgesperrt, Milch am Feiertag alle). Für Situationen, in denen eine Fachkraft erforderlich war, suchte man gleich montags eine Firma aus den *Gelben Seiten* heraus und wartete auf den KVA – per Briefpost, versteht sich. Oder auf den nächsten Besuch von Tante Gerda, um sie *bei der Gelegenheit* nach dem dunkelblauen Garn zu fragen.

Freuden und Fragen waren im Gleichgewicht und es gab auch immer genug Zeit, um zu reagieren. (Wie gesagt, Timing ist wichtig, denn auch der gewiefteste Neinsager muss erst mal kurz in sich hineinspüren, ob er dieses oder jenes will, und, falls nicht, welches Nein.)

Heute hingegen bleibt nicht einmal mehr Bedenkzeit, um die Einladung zur Unterwasser-Hochzeit von Rüdiger und Petra elegant abzusagen, erkennt man doch schon an unserem Gesichtsausdruck per *FaceTime-Einladung* die Antwort. Hoch entwickelte Technik ist für fast jeden erschwinglich, ein Überseegespräch kostet, WLAN sei Dank, kein Vermögen mehr und viele Familien sind so zerrüttet, dass kein geruhsamer Sonntagsbraten im selben Landkreis mehr denkbar ist.

Sprich, die meisten unserer gesellschaftlichen wie technischen *Begrenzungen* von früher sind weggefallen. Und mit ihnen sämtliche Hemmschwellen, wenn es darum geht, einander zu kontaktieren.

Daher müssen Sie welche bauen! Einen Nein-Staudamm.

Heute drückt man einfach die Kurzwahltaste oder macht gleich eine internationale Zoom-Konferenz – und schon ist man mit seinem schlappen Hefeteig, seiner miserablen Verfassung und seiner Langeweile nicht mehr allein. Noch dazu hat sich alles potenziert und beschleunigt. Nur nicht Sie selbst!

Wir Menschen haben uns in den letzten 100 Jahren nämlich nicht mehr nennenswert weiterentwickelt, schon gar nicht exponentiell. (Auch wenn ich Ihnen gerne glaube, dass Sie jetzt fließend Italienisch sprechen.) Als Spezies natürlich schon – als Individuum aber, im esoterisch viel zitierten *Schmerzkörper*? Eher nicht. Noch immer können Sie die Schwimmhäute zwischen Ihren Händen und die Haare auf Ihrer Brust sehen. Mit anderen Worten: Niemand hat sich die Mühe gemacht, parallel zum technischen Fortschritt auch an Ihnen ein Update vorzunehmen und eine erweiterte Version, das X-Modell Ihrer selbst, rauszubringen. Oder wann standen Sie zuletzt auf der Bühne einer *Apple*-Präsentation und haben mit acht Armen und ihrem neuesten Extern-Gehirn »Hello!« ins Publikum gewunken? Dennoch müssen Sie rund um die Uhr mit den ganzen ansteigenden Ja-Nein-Kanälen fertigwerden, verfügen dabei aber nach wie vor über dieselben zeitlichen, körperlichen und seelischen Begrenzungen wie zu Zeiten der Prilblumen.

Deswegen ist *Nein* Ihre einzige, weil seelisch überlebenswichtige, Option!

Und es ist dennoch keine Unzulänglichkeit Ihrerseits, denn ein *Dauer-Ja* kann keins von uns terrestrischen Wesen schaffen. Dabei ist das System – unsere unendliche Kommunikationsgalaxis – vom Prinzip her auch mit Lichtgeschwindigkeit generell keine schlechte Idee, so wie jede Erfindung grundsätzlich erst mal neutral ist. Dann aber kommen die Nutzer hinzu ...

Hemmungslose Zeitgenossen ohne jeden Skrupel, die Ihre Erreichbarkeit ungeniert ausnutzen. Sofern *Sie* auf der anderen Seite jemand sind, der das zulässt. Doch auch da: Machen Sie sich keinen Vorwurf! Ich weiß sehr genau, dass Sie sich im Moment noch so fühlen, als hätten Sie gar keine Wahl. Denn innerlich haben ANSler aufgrund ihrer emotionalen Prägung auch keine – obwohl natürlich auch ihre Finger wissen, wie man ein Mobiltelefon in den Flugmodus schaltet und das Wort *Nein* in durchschnittlich zwei bis drei Sprachen formuliert.

Unsere Kommunikationsgeräte stellen einen Dauerzugriff auf uns dar und bilden damit im Alltag *Highspeed-Ja-Fallen* für ANS-Menschen. Auch weil ihre Körpersprache, die sie vielleicht hie und da noch gerettet hat, auf Lautsprecher eben fehlt. Gewissermaßen sind Handy, Laptop und Co. also Tore zu Privatgelände, nur, dass ihre Security im Moment noch versagt.

Deshalb möchte ich Sie an dieser Stelle auch schon einmal konkret sensibilisieren – dafür, dass Sie bei Klingeln, Piepen und Surren immer erst kurz *durchatmen* dürfen, bevor Sie in Aktionismus verfallen. Denn auch wenn wir es gewohnt sind permanent zu reagieren, bitte machen Sie sich einmal bewusst:

Es gibt kein *Antwortgesetz*, keine *Nicht-Rangeher-Strafe*, keine *Rechtfertigungsklausel* und keine *Rückruf-fehlt-Anklagebank*.

Zumindest nicht juristisch, auch wenn unser aller Reaktionszwang uns ein anderes Gefühl vermittelt. Sie haben jedes Recht der Welt, auch mal länger nicht erreichbar zu sein! Ohne Begründung. Theoretisch dürfen Sie sogar *gar kein* Handy besitzen! (Anmerkung: auch hier wieder gesunder Menschenverstand – Kind vom Baum gefallen, Vater liegt im Sterben, Sie haben Bereitschaftsdienst bei der Feuerwehr, dann bitte antworten!)

Dazu kommt: Wenn sofortige Verfügbarkeit bei Ihnen die Regel und die Fähigkeit, in jeder erdenklichen Situation spontan zu verneinen, noch eine Rarität ist, sind die Aussichten düster, denn ohne Nein-Kompetenz erwartet Sie langfristig das ungewollte *Vermeidungsverhalten.*

Hinter einer echten Telefonphobie steckt selten der haptische Umgang mit dem Apparat oder das Sprechen und Zuhören an sich, sondern die Erfahrung, wiederholt, unerwartet und in hohem Tempo mit Anliegen konfrontiert worden zu sein, denen man im Nachhinein eigentlich weder nachkommen wollte noch konnte, aber doch musste. Und so ist den Stecker aus der Wand zu ziehen oder den Akku nicht mehr zu laden, das Internet zu kündigen oder sich eben auf dem Küchenfußboden totzustellen leider auch keine Lösung, sondern nur eine Taktik, die Ihre Lebensqualität noch weiter einschränkt. Denn diese Unfähigkeit, im Sender-Empfänger-All *Ich-adäquat* zu reagieren, bringt früher oder später ein neues Problem mit sich: Isolation.

Denn nur wer sich abgrenzen kann, kann auch Nähe zulassen.

Wer sein Ich in Gegenwart anderer nämlich nicht rundum stressfrei ausleben kann, mit all seinen Bedürfnissen und Grenzen, wird sich in Gesellschaft gewissermaßen immer bedroht fühlen. Und immer stärker mit Rückzug reagieren. Aber keine Bange: Jetzt sind Sie ja hier!

Wie immer im Leben heißt mehr (Kommunikations-)Freiheit auch mehr Verantwortung. Doch leider haben wir gleich nach dem Kauf unserer Geräte schon keine Gelegenheit mehr, über diese Eigenverantwortung nachzudenken – also uns zu fragen, wie die Geräte *uns* dienen sollen und *nicht wir ihnen* – weil wir der Welt sofort unsere neue Nummer, Mail- oder Postadresse mitteilen müssen, kurz unsere Erreichbarkeit sicherstellen. Und da wir *Apple, Google, Facebook, eBay, WhatsApp, Instagram* und unsere Mitmenschen nicht abschaffen oder ändern können und dies ja auch gar nicht wollen, müssen Sie bei der einzigen Person ansetzen, die Sie nachhaltig beeinflussen können: sich!

Und da gibt es jede Menge zu tun, denn nur, wo ein überzeugtes und selbstliebevolles *Nein* drin ist, kann auch ein glaubwürdiges nach außen dringen und den Weltraumschrott aufhalten. Um am Ende friedlich und selbstbestimmt zu leben. Und dadurch wahre Freiheit zu erlangen – nämlich die, Sie selbst sein zu können. Jederzeit und überall, vor jedermann.

Ergo: *Nein* ist eine tragende Wand unserer Eigenverantwortung.

Und hier nun kommt er, der wohl wichtigste Satz *zum Mitschreiben* für Ihren weiteren Aufstieg. Und ich bitte Sie ganz im Ernst, ihn einmal handschriftlich zu Papier zu bringen. Hören Sie dabei nicht auf Ihre Psyche (»hab keinen Zettel/Stift/will kein Papier verschwenden – Abholzung der Bäume/Regenwald/reicht, wenn ich es lese«), die sucht immer den Energiesparmodus!

Ab sofort bin ich der wichtigste Mensch in meinem Leben.

Wir erreichen nämlich demnächst eine Steilwand und es wäre gut, wenn Sie mir bedingungslos vertrauen. Und dann laut aussprechen. (Sollte Ihnen das anfangs schwerfallen, üben Sie zunächst so etwas wie:»Ab sofort bin ich der lustigste Mensch in meinem Leben.«) Auch aus Erfahrung weiß ich, dass es Ihnen nun kalt den Rücken runterläuft, in Anbetracht eines solch (vermeintlich) *egoistischen* Daseins! Wie wahrscheinlich auch bereits bei der obigen Anregung in Sachen gebührenpflichtiger Katzenpension. Aber auch dazu (Selbstwert!) kommen wir noch.

Denn diese Gefühle sind »nur« Ihre *Wahrnehmung* der Dinge, gemäß dem emotionalen Milieu, aus dem Sie kommen. Bald schon werden Sie eine andere haben. Und dazu ein anderes Selbstbild (kommt auch noch).

Denken Sie hier einmal an das umstrittene Credo *America first!* Das nutzen wir jetzt einfach mal als kleine Übung und Sie tragen statt *America* Ihren Vornamen ein. Also zum Beispiel *Hildegard first.* Klingt ungewohnt? Aber gut, oder?! Hierbei geht es nicht um Politik, sondern darum, dass Sie als ANSler einen Hauch mehr von dem abbekommen, wovon diverse Weltmachtführer deutlich zu viel haben: Selbstwert!

Zur Entkräftigung Ihrer potenziellen Sorge bezüglich des vermeintlichen Egoismus kann ich Ihnen zudem noch versprechen, dass Sie – letzten Endes – ganz im Gegenteil dem Allgemeinwohl durch Ihr Nein nicht nur nicht schaden, sondern sogar dienen werden, wenn wir hier durch sind. Ja, wirklich allen, dem ganzen Kollektiv – sich, den Guten und sogar den Hemmungslosen! Wie das? Weil Sie mit Ihrem authentischen Power-Ich als Mutter aufmerksamer und geduldiger, als Partnerin leidenschaftlicher und als Berufstätige energetischer, kreativer und erfolgreicher sind, wenn erst mal die ganzen Ja-Schlacken weg sind! Und Sie mit Ihrem soliden Nein niemanden mehr unterstützen, dessen Verhalten eh zum Scheitern verurteilt ist (kommt auch noch, siehe Übergriffigkeitstypen). Hand drauf!

Abschließend haben Sie übrigens vielleicht bemerkt, sogar bemängelt, dass ich mich hier primär an Frauen richte. Denn leider (siehe »Eine Prinzessin durfte nicht Nein sagen«) findet sich die klassische Nein-Beeinträchtigung in der deutlichen Mehrzahl beim weiblichen Geschlecht wieder, weil »brav«, »lieb« und »angepasst«, und in der Konsequenz *Nein-scheu*, noch bis in die jüngste Geschichte die Toptugenden in Sachen Erziehung waren.

Doch sollten auch Sie, liebe Männer, sich mit einer ANS hier wiederfinden, bleiben Sie ruhig! Selbstverständlich sind Sie genauso willkommen – so ein Nein-Training ist unisex – und wir Damen erzählen Ihnen das Neueste doch sowieso! Und wer richtig gut aufgepasst hat, hat ohnehin bemerkt, dass ich Ihnen, liebe Herren, zum Ausgleich gleich die ganze Kapitelüberschrift gewidmet habe: *Es ist noch kein Neinster vom Himmel gefallen.*

Und so ist es. Denn für w/m/d gilt: Seien Sie nachsichtig mit sich selbst, gedulden und verzeihen Sie sich, richten Sie sich auf Fehlschläge ein, geben Sie aber nicht auf! Allein die Tatsache, dass Sie sich freiwillig mit einer Thematik befassen, die Sie selbst an sich erkannt haben und als ausbaufähig ansehen, ist ein Riesenerfolg! Für die Nein-Reise gilt nämlich dasselbe wie für die Ukulele: üben, üben, üben! Sie werden schnell Fortschritte machen, also ordentlich Höhenmeter überwinden, um beim Aufstiegsvergleich zu bleiben.

Schöne Aussicht, oder?

Me, myself & No –
Selbstbeobachtung

Bevor wir uns in diesem Kapitel mit einer weiteren Super-Sprosse zur Erklimmung des *Mount Nein* befassen, möchte ich mit Ihnen einen Blick auf die Übersichtskarte werfen. Damit Sie Ihren Standort jederzeit bestimmen können. Und, falls Sie Zweifel haben, Verständnisprobleme oder Muffensausen, noch mal zu den Stiegen zurückkehren können, auf denen Sie sich sicher fühlen oder bei denen es noch hapert. Diese einzelnen Stufen der *Change-Leiter*, also die Abfolge Ihrer *Nein-Selbsttherapie*, dienen Ihnen zur Orientierung auf Ihrem Weg. (Man will ja immer gern wissen, wie weit es noch ist!)

Im Gegensatz zur Kapitelübersicht geht es hier also um die inneren Abschnitte, die Sie als klassischer Fall durchleben:

1. **Leidensdruck (spüren Sie)**
2. **Wunsch zur Veränderung (besitzen Sie)**
3. **Mut zur Veränderung (na klar, haben Sie!)**
4. **Problembewusstsein (haben Sie entwickelt und das Thema erkannt, Prost!)**
5. **Selbstbeobachtung (You are here!)**
6. **Selbstreflexion (You are here!)**
7. **Selbstkompetenz (You are here!)**
8. **Werkzeug, zum Beispiel Formulierungen (kommt noch)**
9. **Praktisches Training (dauert)**
10. **Niederlagen (einstecken, Krone richten, daraus lernen, neuer Versuch)**
11. **Erfolge (feiern!)**
12. **Integrierte Nein-Routine leben (wozu hatte ich dieses Buch je gebraucht?!)**

Wenden wir uns nun also dem Themenkomplex *Selbstbeobachtung – Selbstanalyse – Selbstkompetenz* zu.

*Willst du Weisheit dir erjagen, musst du Wahrheit
erst ertragen.*

SPRICHWORT

Eine der generell wichtigsten Fähigkeiten, die Sie im Rahmen persönlicher Weiterentwicklung kultivieren können, ist, sich selbst Fragen zu stellen. Im Grunde genommen ist dieser Prozess genau das, was ein Therapeut oder eine Therapeutin tun würde. In einer professionellen Therapie würden Ihnen diese Leute Dinge aufzeigen, die Sie selbst nicht an sich sehen können, denn dummerweise hat man den Großteil seiner eigenen Persönlichkeit aus genannten Gründen (Selbstschutz) im toten Winkel. Und Ihre Psyche, wie schon erwähnt, ist kein Freund des Schulterblicks! Meint es aber, wir hatten auch das schon, nur gut.

Ihre Schutzschilde verhindern, dass zu viel Schnee von gestern wieder ans Tageslicht kommt, um Ihre Aufmerksamkeit im Hier und Jetzt zu halten. Wäre ja auch zu blöd, wenn Sie das Mammut da vorne nicht kommen sähen, weil Sie über den Sturm vom letzten Winter nachdenken. Der Nachteil: Auf diesem Entwicklungslevel bleiben Sie stehen. Es sei denn, Sie überlisten sich selbst! Indem Sie 1. aus eigenen Stücken Neues – höchstwahrscheinlich Unbequemes – über sich zu erfahren *bereit sind* und 2. den unaufgeräumten Keller *von alleine* erkennen.

Letzteres ist die Krux an der Sache. Denn ein dominanter Teil von Ihnen (ein Angestellter des Selbstschutzprogramms) findet nicht etwa Ihre Altlasten, sondern den ganzen Kram mit der Selbstoptimierung hier doof. Wie bei jeder guten Hollywoodfilm-Heldenreise, die der griechisch-mythologischen Erzählstruktur folgt, gibt es auch in Ihnen einen *Schwellenhüter*. Jemanden, der die Tore und Grenzen bewacht, hinter die Sie gern kommen wollen. Seine Wachen stehen hartnäckig vor der Kellertür und sagen Ihnen zunächst mal, dass Sie sich verlaufen haben. Und wenn das auf Sie keine Wirkung zeigt, bedeuten sie Ihnen, dass es nichts zu sehen gibt und Sie gerne wieder raufgehen können. Kein *Ja-Messietum*, keine Sperrmüllbestellung nötig. Schönen Tag noch! Und wenn das alles nichts hilft, machen sie Ihnen Angst. Buh – böse Erinnerungen lagern hier unten! Machen Sie sich einfach darauf gefasst. Im Klartext sprechen wir hier – im Gegenteil zum entwicklungsfreudigen *Selbst* – vom stoischen *Ego*.

Das ist der Teil Ihres Ichs, unser aller Ich, der Sie von Natur aus für perfekt hält und den Rest der Welt für unfähig. Hatten Sie schon mal so einen Moment?

Dieses schrullige Ego hält Ihr *Ja-Ich* in einem selbstverliebten Zustand, indem es die Spiegel abhängt und Ihnen vorgaukelt, es sei alles in Butter. Sonst – Gott bewahre – stimmte ja was nicht mit Ihnen! Somit ist es auch der beste Kumpel des natürlichen narzisstischen Anteils, der uns allen innewohnt. Und diese ganzen spleenigen *Leutchen* in Ihnen drin sind völlig okay! Denn jeder von ihnen hat so seine Aufgaben, um aus uns, in der richtigen Zusammensetzung und einer gesunden Mischung, eine gut geölte Persönlichkeit zu machen, die in der Welt da draußen funktioniert!

Möchten Sie nun aber ein Update an sich durchführen und einige dieser Teile rauf- oder runterregeln, wie die Pegel eines Mischpults, um Ihren eigenen »No, no, no«-Hit zu kreieren, brauchen Sie jemanden von außen, der Ihnen sagt, dass Sie hinten noch das Preisschild dran haben, die rote Brille Sie alt macht oder Sie, nichts für ungut, am Hinterkopf langsam kahl werden.

Einen *Toter-Winkel-Spiegel!*

Wir lieben die Menschen, die frisch heraus sagen, was sie denken – vorausgesetzt, sie denken dasselbe wie wir.

MARK TWAIN

Diese unliebsame zweite Person, in überaus nützlicher Funktion nun, müssen – und können – Sie selbst sein!

Dazu braucht es bloß Ihren Forschergeist und Ihre Neugier, die, gerade unter Leidensdruck, idealerweise stärker als Ihre angeborene Selbstherrlichkeit sind, und voilà – schon hebeln Sie Ihr Ego gekonnt aus. Natürlich wird es Ihnen weiterhin querkommen, aber da Sie sich seiner Existenz nun bewusst sind, können Sie sich hier und da an diesem muskelbepackten Türsteher vorbeimogeln, der Ihnen den kritischen Blick auf sich und Ihr Verhalten verwehren möchte. Und siehe da: Im Keller, Ihrem Unterbewusstsein, befindet sich ein geheimer illegaler Discoschuppen – der *Club Me!*

Drinnen angekommen, holen Sie sich einen Drink und lehnen sich entspannt an die Bar. Denn an diesem magischen Ort führen Sie Ihre Handlungen nicht mehr einfach nur aus, reden und überlegen, sondern gucken sich parallel dabei zu – bei alledem, was Sie auf der *Nein-Tanzfläche* im Istzustand so denken, tun oder sagen (eine Art *Being-John-Malkovich*-Effekt).

Und damit herzlich willkommen in der wundersamen Welt der *Selbstbeobachtung!*

Jede Menge Leutchen – Persönlichkeitsanteile

Kommen wir zu den Leuten, die Sie im Club kennenlernen! Und dem Tanz, den Sie ab jetzt mit ihnen tanzen, denn ab heute sind Sie offiziell Ihr eigener Nein-Therapeut!

Praktisch angewendet bedeutet das, dass Sie innerlich so oft wie möglich in den *Two-in-one*-Modus à la John Malkovich schalten. Hin und her – zwischen dem, der Sie aktuell *Nein-mäßig* sind, und einem Wissenschaftler, der das Phänomen untersucht. Und ebenfalls in Ihnen drinsitzt. Zwecks grundlegender Nein-Forschung. Also nicht mehr nur: *Mann, jetzt hab ich schon wieder diese blöden Treuepunkte im Portemonnaie!* Sondern: *Klasse, da war schon wieder so ein Moment, in dem ich mir wünschte, ablehnend reagiert zu haben. Nun will ich mal nachsehen, was ich mir da so passiert habe!*

Keine Sorge, an dieser Stelle hat nicht das Lektorat versagt, sondern ich wähle diese komplizierte Formulierung extra, um Sie schon mal in Ihrem Bewusstsein zu stärken, dass nicht Ihnen etwas Unliebsames von außen geschieht, sondern Sie dafür sorgen können, dürfen und werden, was Ihnen, den Treuepunkten und Ihrer Geldbörse an der Supermarktkasse widerfährt. Und auch sonst so in Ihrem Leben! Als wesentlicher Teil der Selbstermächtigung, auch genannt *Selbstkompetenz*, zu der wir am Schluss unseres Theorieteils »Das kleine Neinmaleins« noch kommen. (Im Gegensatz zur Ohnmacht, also dem Gefühl, *ohne* jegliche *Macht* zu sein, was typisch ist für ANS-Situationen.)

Der interessierte Wissenschaftler jedenfalls benötigt für sein Forschungsprojekt noch einen wohlwollenden Mentor. Jemanden, der ihn geduldig bestärkt auf seinem Weg, weil er sein Potenzial kennt.

Wir alle haben in der Regel bei Lernprozessen nicht nur die Erfahrung gemacht, dass wir bedingungslos geliebt, freundlich ermutigt, unkritisch aufgebaut und mit Stolz begleitet wurden – zum Beispiel ob unserer Kreativität, als wir die Möbel im kindlichen Urzustand unseres Ichs unbedarft mit dem Filzstift verzierten. Stattdessen bekamen wir Ärger. Und dieses Geschimpfe unserer äußeren Bezugspersonen haben wir meist in uns übernommen.

Seien Sie also nachsichtig, wenn Sie nun erstmals Nein-Inventur machen, und ersetzen Sie die erlernte Strenge mit sich durch einen weisen alten Großvater, der Sie lächelnd genau in dem Zustand annimmt, in dem Sie gerade sind, und Sie Ihre Fehler machen lässt! (Sofern Sie hier kein Bild parat haben, nehmen Sie den aus der *Werther's-Echte*-Werbung, von der Almhütte mit dem lila Schmunzelhasen oder den Weihnachtsmann. So der Typus. Denn ein Bild hilft!)

Dieser gütige Mentor wird Ihnen als personifizierte *Selbstliebe* dienen.

Die benötigen Sie, um nicht von der neutralen Bestandsaufnahme *(wieder nicht Nein gesagt)* gleich in die Selbstverurteilung zu rutschen *(wie schwer kann ein einfaches Nein sein?!)*, noch bevor der Wissenschaftler sich – unter dem Genörgel des Egos – etwas notieren konnte. Denn für seinen Forschergeist stellt Ihr unterdrücktes, nun auch noch beschämt-gescholtenes *Wieder-alles-falsch-gemacht*-Selbst nichts weiter dar als ein unaufgeregtes Reagenzglas in seinem Nein-Labor, das er nüchtern-neutral betrachtet.

Und damit er dazu erst mal in Ruhe Fakten sammeln kann, sitzt auf dem Lehrstuhl Ihres inneren Forschungsinstituts jetzt also noch Ihr wohlwollendes, unterstützendes, Ihnen stets zugewandtes Mentoren-Großvater-Ich. Das Ihnen nachsichtig über den Kopf streicht und tröstend sagt, dass Sie das mit dem Filzstift gar nicht besser hatten wissen können. Und Sie beim nächsten Mal einfach auf Papier malen. *Can you feel it?*

Diese liebevolle Selbstakzeptanz nämlich brauchen Sie tonnenweise, wenn Sie sich auf der Spur sind, um fürs Erste mal gelassen zu registrieren, wo, wann und warum Sie gerade im Außen wieder *nicht Nein* gesagt haben, obwohl Sie es in sich drin doch so sehr fühlen.

Denn *Nein* ist nicht bloß ein Wort, sondern ein Weg!

Um Ihre Selbstliebe bei Laune zu halten, kann Ihnen folgender Satz gute Dienste leisten (das ist wieder so ein Zettel-Stift-Moment!):

Es gibt keine Fehler, nur Erfahrungen.

Der Begriff *Fehler* nämlich ist nichts anderes als die negative *Wertung* von Erlebtem. Und im *Judging* sind besonders wir Deutschen Meister, werden wir doch schon als Kinder darauf getrimmt, an anderen vor allem die Fehler zu sehen (siehe die lustigen Rätselspiele »Im rechten Bild hat sich der Fehlerteufel versteckt, siehst du, wo?«) Nebenbei auch der Grund, warum ich generell *Nein* zu Bewertungen sage …

Selbst wenn die Sumseeule auf Lob aus ist – also die *positive Wertung* einer Aktion –, frage ich sie immer auch, ob es ihr *Freude gemacht hat,* das Bild zu malen. Ich möchte nämlich nicht, dass sie darauf konditioniert wird, Handlungen durchzuführen, nur um eine positive Außenwirkung zu erzielen. So hingegen bleibt ihr Selbstwert von ihren »Leistungen« unabhängig!

Jedenfalls sind letzten Endes alle unsere Erlebnisse, Emotionen und vermeintlichen Fehlschläge »nur« Erfahrungen, wenn man sie eben nicht bewertet, sondern schlicht als Bausteine dessen annimmt, warum wir hier sind: des Lebens. Und das ist letztlich nichts anderes als *hinterher weiß man mehr als vorher,* oder?

Erlauben Sie sich also selbstliebevoll alle Arten von *Wieder-noch-nicht-Nein-gesagt*-Erfahrungen zu machen, auch wenn sie nicht in Ihr Selbstbild (zum Beispiel »Mit mir nicht!«) passen. Also dem Bild, das Sie von sich selbst haben, wie Sie gern wären, reagieren würden und überhaupt alledem, was Sie alternativ gerade lieber erfahren würden und glauben erfahren zu sollen. Sie sind ja schon auf dem Weg und werden erst durch die Summe Ihrer Erfahrungen genau jenes Selbst erreichen, mit dem Sie die Erde schlussendlich verlassen. An dieser Stelle nun ist schon Ihr Gang vom *unbewussten zum bewussten Nicht-Nein* ein Quantensprung, oder? Na bravo!

Zurück zu den tanzenden Leutchen, seriöser ausgedrückt Ihren *Persönlichkeitsanteilen*, im Fachbegriff *Ego-States* (lateinisch *ego* = ich, englisch *state* = Zustand).

Neben Ihrem lernenden (Filzstift-)Selbst, dem Ihre Schandtaten rettenden-deckenden Ego (»Das ist Kunst!«) und dem nüchtern-neutralen Wissenschaftler ist der unterstützende Selbstliebe-Mentor also die vierte »Person« in Ihnen drin, mit der Sie es zwecks *Introspektion* (Einsicht in sich selbst) zu tun kriegen. Daneben will sich – last, but not least – allerdings noch jemand in Ihre wertvollen Beobachtungen drängen: der Gegenspieler der Selbstliebe, eben das Selbstverurteilungsmegafon. Auch bekannt als *innerer Kritiker* oder *Zensor*.

Eine Art Marcel Reich-Ranicki oder Denis Scheck, also nicht leicht zu begeistern und schwer zu bespaßen. Den ignorieren Sie hauptsächlich einfach, sonst gewinnen Sie keine Erkenntnisse, sondern nur schlechte Laune! Denn wie bei der Meditation geht es bei der Selbstbeobachtung nicht darum, Gedanken abzuschalten oder Handlungen zu verändern, sondern erstmal nur darum, eine andere Perspektive dabei einzunehmen – die Vogelperspektive.

Ich bin nicht, was ich denke, sondern in mir denkt es.

Ein Umstand, den meine liebste Kollegin Alexandra Reinwarth sehr schön zu einem Buchtitel zusammengefasst hat: *Glaub nicht alles, was du denkst.* Unbedingt lesen!

Ergebnis: Sobald Sie sich dessen bewusst sind, dass Sie nicht Ihr Verstand *sind*, sondern vielmehr einen solchen *haben*, sind Sie nicht mehr bedingungslos mit Ihrem eigenen Denken identifiziert und können es hinterfragen. Und ändern! Das ist der rote Teppich, den Sie für Ihr Nein ausrollen.

Ich weiß, das ist viel Input – doch schon bald beherrschen Sie sämtliche psychologischen Grundlagen Ihres Neins! Und falls Ihnen an dieser Stelle alles zu theoretisch und psychologisch ist: Nach hinten hin wird es deutlich praxisnaher und auch wieder lustiger werden! Mit intimen Fallbeispielen, Schenkelklopfer-Humor und, jetzt gleich, einem Schwank aus meiner eigenen inneren *Leutchen-Welt*.

Da können Sie dann mal sehen, dass Sie vergleichsweise schon am Start ziemlich weit vorne liegen, denn ich darf Ihnen anvertrauen, dass ich jahrelang nur passend gezahlt habe, weil ich keiner Verkäuferin zumuten wollte, mir Wechselgeld rausgeben zu müssen. Und wenn mir mein Friseur vorschlug: *Waschen, Schneiden, Föhnen, morgen zehn Uhr?*, reichte ich einen Urlaubstag ein. Von meinen aktiven *Jas* ganz zu schweigen …

Als der Verlag mich nun fragte, ob ich nicht ein Buch zum Thema *Neinsagen* schreiben wolle, sah meine persönliche Forschungsreise mitsamt meiner Leutchen so aus:

A. »Was für eine tolle Chance, dass andere von deinen Erfahrungen profitieren und ihr Leben positiv beeinflussen können! Wenn du auch nur einen Menschen erreichst, der sich durch dein Buch in einer Situation so verhält, wie er möchte, hast du einen Unterschied für sie/ihn gemacht. Living is giving!«

B. »Mach das, dann wirst du reich und berühmt. Ist doch egal, was du da schreibst. *Fake it till you make it!* Erst zusagen, dann nachdenken. Hauptsache, dein Name steht drauf! Dann muss die Sumseeule halt mal allein spielen, immerhin ist ihre Mutter Künstlerin.«

C. »Was willst *du* denn bitte den Leuten erzählen?! Wenn jemand nicht Nein sagen kann, dann du selbst! Was für eine Heuchelei! Die Gage ist lachhaft, hast du mal den Stundenlohn runtergerechnet?! Wahrscheinlich schaffst du es sowieso nie, das Manuskript abzugeben, musst Vertragsstrafe zahlen und dein Agent wirft dich raus. Such dir endlich eine Festanstellung!«

D. »Das kriegst du schon hin, gerade *weil* du eine Nein-Legasthenikerin warst. Geh mit deinen Lesern doch einfach den Weg, den du selbst gegangen bist. Du kannst das!«

E. »Interessant, ein potenzieller Arbeitgeber bittet dich um ein Schreibprojekt, und obwohl du zeitlich gar keine Kapazität hast, sagst du *Ja*. Das *Ja* erfolgt sofort und per E-Mail.«

Können Sie erraten, wer hier wer ist?

A = Selbst, B = Ego, C = Kritiker, D = Selbstliebe, E = Wissenschaftler

Nun ist das ein gutes Beispiel für die Ego-States, aber tatsächlich weniger zielführend für unser Thema, denn trotz der Umstände seiner Entstehung ist dieses Buch etwas, womit ich *emotional identifiziert* bin (wahres Selbst!) und deshalb bewusst und gerne meine Kapazitäten übertrat, um es zu schreiben, im Sinne des Endprodukts. Vielleicht wäre ein Nein aus zeitlichen, finanziellen, gesundheitlichen und familiären – also rationalen – Gründen klüger gewesen, aber schlussendlich *wollte* ich es schreiben. Meine Seele war es, die Ja gesagt hat. Deshalb zurück zu etwas, das Sie vielleicht wirklich nicht wollen und dessen Ablehnung wiederum auch niemandem schadet: den Treuepunkten!

Hier könnte Ihre Selbstbeobachtung wie folgt aussehen, denn natürlich sprechen die Leutchen nicht wirklich so artig nacheinander, sondern plappern wild durcheinander:

Während Sie an der Kasse gerade ferngesteuert bejaht haben, bezahlen und ein langer Streifen Treuepunkte in Ihrem Portemonnaie landet, begreifen Sie: *Die will ich eigentlich gar nicht.* Und dann geht es los.

Ihr Ego mit Helfersyndrom versucht sofort, Sie zu retten: *Wieso habe ich nicht schon früher mit dem Sammeln begonnen? Ich kaufe hier sowieso so oft ein, endlich springt etwas dabei raus! Ende des Jahres habe ich genug Punkte für die Frottee-Handtücher zusammen, die kann ich toll fürs Gäste-WC gebrauchen! Wenn ich mal eines habe.* Nun wird Ihr Selbst vielleicht deutlicher werden: *Das ist doch nur eine Masche, um mein Kaufverhalten zu analysieren. Und wenn ich dann 50 von den Dingern zusammenhabe, muss ich eine Salatschüssel für 20 Euro Zuzahlung kaufen, die ich sonst gar nicht ausgeben würde, denn ich brauche ja nicht noch eine! Und dass meine Kontaktdaten für ein paar Euro Preisnachlass da draußen kursieren, ist es mir nicht wert.*

Ihr wahres Selbst können Sie übrigens auch deshalb gut von den anderen unterscheiden, weil es sich von all den Leutchen in Ihnen drin am besten anfühlt.

Um trotz der Punkte-kassiert-Misere nun aber Ihr Selbstbild − *ich bin autonom und agiere immer selbstbestimmt* − aufrechtzuerhalten, schaltet sich wieder Ihr Ego dazu: *Stell dich nicht so an, diese Punkte sind super! Alle machen das! Nur du willst nicht dazugehören?*

Doch ihr wahres Selbst ist noch immer nicht einverstanden. Es möchte ja nun ergründen, was mit Ihnen los ist, und ist überzeugt, dass Sie sich auch *kongruent* verhalten können. Erinnern Sie sich an diesen geometrischen Begriff? Zwei Dreiecke, die deckungsgleich übereinanderliegen? So nämlich soll das Verhältnis zwischen Ihrer Seele und Ihrem Ja-Nein-Verhalten in seiner Außenwirkung sein. An dieser Stelle schickt es also den Wissenschaftler los − mit der einzig ihm erlaubten Emotion: Neugierde! Er protokolliert das Vorkommnis und fertigt ein Memo daraus für Sie an, auf dem lediglich steht: *zur Kenntnisnahme.*

Ihr Ego lässt sich auf den Kurswechsel − *gut, ich wollte keine Treuepunkte, aber nun habe ich Sie eben* − ein, versucht aber auch hier, Ihr aktuelles Selbstbild zu retten: *Du wolltest die Verkäuferin eben nicht kränken. Hinter dir standen Leute. Ist doch kein Problem, die in den Müll zu schmeißen.*

Dann schaltet sich der innere Zensor dazu, denn so leicht lässt sich Ihr wahres Ich trotz allem nicht von Ihrem Ego betuppen. *Wieder warst du nicht auf Zack! Du lässt dir wirklich jeden Mist andrehen!*

Und nun dürfen Sie keinesfalls vergessen, den Selbstliebe-Großvater zu wecken, der gerne ein Nickerchen auf der Veranda im Schaukelstuhl hält: *Es ist wundervoll, dass du bemerkt hast, dass du zu den Treuepunkten auch hättest Nein sagen können. Ein toller Erfolg! Und beim nächsten Mal bist du vorbereitet und setzt es einfach um! Komm, wir überlegen uns schon mal, wie das genau aussehen könnte …*

Sinn und Zweck der ganzen Selbstbeobachtung ist es zunächst »nur«, Ihr wahres Selbst zuverlässig herauszufiltern, welches übrigens meist den allerersten Impuls schickt. Den müssen Sie erwischen, *bevor* uns ANSlern dann blitzschnell die restlichen Leutchen mit ihrem Pro und Kontra dazwischenkommen – zwischen genau dieses seelisch stimmige, initiale Gefühl und das dazugehörige *Nein, danke!*

Im ersten Schritt dieses praktischen Nein-Trainings müssen Sie dazu wirklich lediglich trainieren, diesen *True-Self-Impuls (*siehe *Die will ich eigentlich gar nicht) wahrzunehmen.* Denn er ist es, den Sie später in eine Aussage, eine Handlung und letztlich die Energie verwandeln, die Sie ausstrahlen. Je mehr Aufmerksamkeit Sie ihm schenken, desto mehr wird er automatisch Ihr Verhalten lenken und Ihre Blockaden und Hemmschwellen senken. Und Ihnen (wieder) zur Authentizität verhelfen!

Was Sie dann noch brauchen, ist Übung. Und die ist nichts anderes als Wiederholung.

Mit dem bemerkenswerten und sich exponentiell steigernden Lerneffekt für Ihre Psyche, dass Ihnen durch Ihr *Nein* – heute – nichts Schlimmes, gar existenziell Bedrohliches mehr widerfährt. So wird Ihnen ein *Nein* bald selbstverständlicher als ein *Ja.* Und das *Ja* zur Ausnahme in Ihrem Leben, das Sie nur noch vollumfänglich selbstbestimmt einsetzen.

Wie ein sehr wertvolles Geschirr, das Sie nur aus dem Schrank holen, wenn hoher Besuch kommt.

Manchmal benutzen ein bis zwei dieser Leutchen übrigens die Worte Ihrer Mutter oder Ihres Vaters. Sollten Sie bestimmte Formulierungen öfter bemerken, können Sie sich außerdem einmal fragen: *Wer spricht da? Eigentlich?*

Denn natürlich sind die Leutchen nicht dumm und tarnen sich als Ihr eigenes Ich, um besser gehört zu werden. Also nicht: *Sammle doch Treuepunkte!* Sondern: *Ich könnte Treuepunkte sammeln!* Aber sind das wirklich Sie?

Vielleicht sagt Ihre Mutter durchs Ego, es gehöre sich nicht, ein Geschenk abzulehnen, und Ihr Vater, dass es nicht zählt, was Sie wollen? Oder, auf unser Beispiel bezogen, dass Sie nicht unhöflich zur Kassiererin sein sollen und sich hier die Gelegenheit bietet, bares Geld zu sparen. Sie aber wissen es besser!

Bewusstwerdung ist ein mächtiger Schlüssel.

Folgen Sie dem, was Ihre Seele dazu meint! Wie dem weißen Kaninchen aus Alice im Wunderland. Wenn es flugs vor den Leutchen flieht und in seinen Bau hoppelt, hechten Sie hinterher und begucken es sich mal genauer. Um dort unten festzustellen, dass Sie Ihre Postleitzahl womöglich nicht angeben möchten, sich nicht durch einen Marketing-Gag an Produkte binden lassen wollen, die Sie nicht nutzen, dass Sie es lieben, sich jedes Mal spontan zu entscheiden, wo Sie heute einkaufen möchten, dass Sie beruflich oft im Ausland unterwegs sind und regionale Kundenbindungsprogramme daher gar keinen Sinn für Sie machen oder dass Sie gerade entrümpelt haben und minimalistisch leben wollen.

Was immer es ist, das Ihnen Ihr Selbst spontan zuflüstert – vertrauen Sie ihm!

Eine ANS ist das Resultat einer gestörten Verbindung zwischen unserem unverfälschten *Selbst* und der Außenwelt, aufgrund der Erfahrungen, die wir mit der Umwelt in Reaktion auf unsere Abgrenzungsversuche seit frühester Kindheit gemacht haben.

Und nun geht es darum, diese eingestürzte *Brücke zwischen Gefühl und Reaktion* wieder in ihren Originalzustand zu versetzen. Und Sie sind der Restaurator!

Fassen wir diesen Teil unseres Aufstiegs noch mal zusammen. Zur erfolgreichen (Nein-)Selbstbeobachtung brauchen Sie:

- die Stimme des wahren *Selbst,*
- den Wunsch, das *Ego* zu überwinden,
- den aufmerksamen und neutralen *Wissenschaftler,*
- die großväterlich-geduldige *Selbstliebe,*
- die freundliche Ignoranz gegenüber dem inneren *Kritiker.*

Gar nicht so schwer, oder? Versuchen Sie es mal!

Die Nein-Physis – körperliche Symptome

Jetzt, da Sie fit in Sachen Selbstbeobachtung sind und mithilfe der Selbstliebe immer müheloser in die wissenschaftliche Beobachterperspektive schlüpfen, verbinden Sie sich automatisch wieder zunehmend mit Ihrem wahren Selbst.

Ihr wahres Selbst ist die Basis für Ihr natürliches Nein – oder Ja.

Natürlich bleiben die Leutchen trotz Ihrer Eigenbedarfsklage in Ihnen wohnen, aber wo vorher ein ganzes Orchester spielte, bilden sie bald nur noch den Background-Chor für den Superstar: Ihr authentisches Power-Ich! Das Sie nun immer zuverlässiger herausfiltern können.

Auf der Basis Ihres wahren Selbst treffen Sie authentische und seelisch kongruente Entscheidungen automatisch.

Sollten Sie bei der ganzen Selbstbeobachtung noch Schwierigkeiten haben oder gar noch immer nicht wissen, wo Sie da überhaupt ansetzen sollen, denken Sie einfach rückblickend an Situationen, die Sie veranlasst haben, dieses Buch zu kaufen. Oder auch nur die letzte, in der Sie besonders unglücklich waren mit Ihrem *Nicht-Nein*.

Zum Beispiel, als Sie sich nicht explizit geweigert hatten, das unglückliche Au-pair Ihrer Schwester aufzunehmen, nicht entschieden gegen die Pläne Ihres Kollegen protestiert hatten, sein Aquarium während seiner Weltreise zu pflegen, oder es irgendwie unterlassen hatten darüber nachzudenken, ob Sie im Sommer 2019 morgens wirklich Zeit und Lust gehabt haben, den Nachbarshund spazieren zu führen. So ein Nicht-Nein muss – wie schon angedeutet – nicht einmal ein *Ja* gewesen sein (die Kiste ist wirklich komplex, aber wir knacken das!).

Solche Situationen können Sie rückblickend genauso analysieren, denn die Leutchen werden auch in Ihrer Erinnerung aktiv.

Was Sie zusätzlich in Ihre Selbstbeobachtung hineinnehmen können, sobald Sie mit den Leutchen per Du sind, ist die Wahrnehmung *körperlicher Symptome.*

Eine Theorie (leider weiß ich nicht mehr, woher sie stammt, finde sie aber schlüssig) besagt, dass sich jedes Gefühl zugleich in einer Körperregion – schlimmstenfalls in Form einer Krankheit – manifestiert. Häufig ist es bei uns ANS-Mitgliedern zum Beispiel die Schilddrüse, die Probleme macht. Denn durch ihren Sitz über dem Kehlkopf liegt sie genau über unserem »Nein-Instrument«, den Stimmbändern, die unserem Willen primär Ausdruck verleihen. (An die Esoteriker unter Ihnen: Hellblaues *Kehlchakra* blockiert!)

Sicher ist Ihnen der Begriff *einen Kloß im Hals haben* bekannt, beispielsweise bei unterdrücktem Weinen. Auch ein unterdrücktes Nein kann zu dieser Missempfindung führen. Natürlich kann sich die Diskrepanz zwischen einem gefühlten Nein und einem geäußerten Ja auch in der Magengrube, den Nieren, einem nervösen Augenzucken, Übelkeit oder Frösteln ausdrücken …

Bei meiner Freundin Anna waren es die Unterarme, die immer dann kribbelten, wenn sie sich mit ihrem inneren Nein konfrontiert sah. Versagte sie sich, es auszudrücken, wuchs sich das Kribbeln in regelrechte Taubheitsgefühle aus. Bis sie endlich herausgefunden hatte, dass dies in etwa auf ihr drittes Lebensjahr zurückging, in dem ihre viel ältere Schwester es sich zum Sport gemacht hatte, sich auf sie draufzusetzen, die schmalen Handgelenke ihrer kleinen Schwester in den Fesselgriff zu nehmen und die Nervenbahnen regelrecht abzudrücken. Während Anna verzweifelt verlangte, sie möge damit aufhören! Diese Koppelung zwischen Annas hilflosem *Ich will das nicht!* und der Taubheit ihrer Unterarme hatte ihr Gehirn abgespeichert und zuverlässig abgerufen, bis sie sich dessen bewusst wurde und es lösen konnte.

Richten Sie Ihr Augenmerk also auch auf jede noch so kleine Regung Ihrer Physis – sie kann Ihnen bei der Auflösung Ihrer unterbewussten Nein-Traumata behilflich sein. Und wie gesagt: Sie brauchen keine Angst zu haben vor dem, was immer da noch im Keller lagert, denn heute sind Sie Ihr eigener Herr!

In sicherer, gegenwärtiger Umgebung dürfen Sie auf Ihrer Nein-Reise alles spüren, neu ablegen – und verabschieden. Jedes noch so kleine Symptom ist ein persönlicher Wegweiser für Sie ins befreiende Nowana!

Ich wiederhole: Bewusstsein ist ein mächtiger Schlüssel!

Allerdings müssen wir im Rahmen der Selbstbeobachtung noch an ein paar kleinen Hindernissen vorbei, die Sie innerlich von Ihrem soliden Nein trennen. Als da wären: versteckte Bedürfnisse, persönliche Knöpfe, Glaubenssätze und Knebelgedanken …

Push the button – Glaubenssätze, Knöpfe und Knebelgedanken

In diesem Zusammenhang sollten wir uns einen Begriff noch mal genauer ansehen, den ich jetzt schon öfter verwendet habe: **Abgrenzung**. Unser Nein ist die Kreide, mit der wir einen Strich, eben eine *Begrenzung* oder *Grenze,* zwischen uns und eine andere Person ziehen. Genauer zwischen das, was *unser Ich* tun will und kann, und dem, was *eine andere Person* sich von uns wünscht. Damit grenzen wir uns von anderen ab (sofern Sie *Dirty Dancing* gesehen haben: »Das ist mein Tanzbereich und das ist deiner!«)

Haben wir nun *Abgrenzungsprobleme,* haben wir also Schwierigkeiten mit diesem eigentlich ganz natürlichen Vorgang, der unserem Selbsterhaltungstrieb dient. Im Detail können wir vielleicht die Kreide nicht halten, sie ist uns ausgegangen, uns wurde bei ihrem Einsatz auf die Hände getreten, wir wissen nicht, wo wir den Kreis ziehen sollen – oder, der Worst Case, kennen nicht einmal die Möglichkeit des Kreidekreises um uns herum. Diese ganzen Störfaktoren, die uns davon abhalten, sind unter anderem durch *Glaubenssätze* und *Knebelgedanken* entstanden. Was nun aber ist das?

Glaubenssätze sind erworbene innere Überzeugungen. Eben Sätze, an die Sie unbewusst glauben.

Knebelgedanken sind Gedanken, die Sie bewusst denken und die Sie daran hindern, sich selbst zu folgen.

Typische Glaubenssätze können positiv oder negativ sein und zum Beispiel so aussehen:

- Ich bin (nicht) liebenswert.
- Für Geld muss ich hart/smart arbeiten.
- Ich bin (nicht) gut genug.
- Das kann ich (nicht) allein.
- Für Liebe muss ich etwas/nichts tun.
- Ich darf (nicht) Nein sagen.

Typische Knebelgedanken können sein:

- Ich will mich nicht beklagen.
- Wer weiß, was morgen ist.
- Nicht, dass ich arrogant wirke.
- Anderen geht es viel schlechter als mir.
- Man kann nicht alles haben.
- Das gibt schlechtes Karma.

Knebelgedanken erlegen Sie sich gemäß Ihrem eigenen heutigen *Selbstbild* auf. Wenn Sie sich also zum Beispiel als gerechter Mensch verstehen wollen und Ihr geschiedener Bruder Sie bittet, an seinem Papa-Wochenende seine kleinen Kinder zu betreuen, weil er ungestört auf ein Blind Date gehen will, möchten Sie dies vielleicht ablehnen, *knebeln* sich und Ihr Nein aber etwa mit dem Gedanken »Mit 16 hat er mich auch von dieser Party abgeholt«.

Unterm Strich sind es also Gedanken und Werte, die Sie selbst über Ihr eigenes Nein stellen oder die von Ihrem Ego genutzt werden, um zu rechtfertigen, dass Ihnen das Nein nicht gelingt. Denn natürlich ist es viel angenehmer zu denken: »Na ja, ich kann ja mal eine Ausnahme machen«, statt sich Ihrem Nein und damit Ihrem Bruder, Ihren Ängsten (zum Beispiel vor seiner Wut) und einem potenziellen Konflikt zu stellen, bei dem vielleicht auch noch genau dieser Wesenszug, auf den Sie so großen Wert legen, gegen Sie verwendet werden könnte (»Wenn ich umgekehrt *einmal* etwas von dir will ...«).

Ein anschauliches Beispiel in Sachen Knebelgedanke ist meine Freundin Kathrin, die sich bis in die Lebensmitte hinein versagte, die Carepakete Ihres betagten Vaters Rudi abzulehnen, die ihr nichts als Ärger einbrachten. Ihr Knebelgedanke:»Wer weiß, wie lange ich ihn noch habe!«

So verpflichtete sie sich mit eiserner Disziplin zu pauschaler Dankbarkeit für alles und jedes, das Sie weder wollte noch brauchte – und dann ging es doch noch nach hinten los. Ihre Geschichte, mit dem dahinterstehenden Thema *Verlustangst* werden wir uns noch im Kapitel »No-Storys und No-Gos feat. heikle Neins – Nein zu Eltern« zu Gemüte führen ...

Glaubenssätze hingegen sind Schlussfolgerungen Ihres Unterbewusstseins aufgrund Ihrer Erfahrungen, aber auch der Aussagen von Erwachsenen, die Sie als Kind umgaben, und an denen Sie sich zwangsweise besonders stark orientierten. Ihre damaligen »Götter« sagten damals vielleicht Dinge wie: »Aber nur, wenn du lieb bist!« oder »Mach mal die Augen zu, dann siehst du, was dir gehört«.

Eins meiner Lieblingsbeispiele zur Entstehung von Glaubenssätzen ist das *In-Afrika-verhungern-die-Kinder-Phänomen.*

Vielleicht kennen Sie es aus eigener Erfahrung: Sie sind fünf Jahre alt, sitzen am Tisch und können die letzten drei Kartoffeln einfach nicht mehr essen. Zumal Sie die Menge auf Ihrem Teller erst gar nicht selbst bestimmen durften. Mit missbilligendem Blick auf Ihre Essensreste sagt ein Familienmitglied:»In Afrika verhungern die Kinder!«

Weil Sie alleine an Mimik und Tonfall erkennen, dass Sie sich »falsch« verhalten, oder schlimmer noch tatsächlich ein Bild mit sterbenden Kindern vor Augen bekommen, essen Sie weiter.

Wenn wir schon früh gezwungen werden, unsere eigenen Grenzen nach innen hin zu übertreten, also zu ignorieren, wie sollen wir sie dann später noch spüren? Geschweige denn nach außen hin selbstbewusst, also *Sie sich Ihrer selbst bewusst* verteidigen? Hier nun kommen die Glaubenssätze ins Spiel, die sich aus einer solchen Situation herausbilden und uns begleiten. Im besten Fall haben

Sie, mit den letzten drei Kartoffeln im Magen, nur geschlussfolgert: »Ich muss aufessen.« Oder schlimmer: »Wenn ich auf meinen Körper höre, gefällt das anderen nicht.« Oder »Wenn ich satt bin, bekomme ich Ärger.«

Im schlimmsten Fall empfinden Sie sich daneben aber auch noch als undankbar oder gar bösen Menschen, der die Verantwortung für ein furchtbares Weltgeschehen trägt, das Sie durch Ihr Essverhalten in Wahrheit gar nicht beeinflussen können. Im Ergebnis hungern auf der einen Hälfte der Erdkugel nun also die Kinder, und die anderen leiden an Übergewicht. Geholfen ist damit niemandem! Alle leiden.

Für Ihr weiteres Leben kann eine solche Szene bedeutet haben, dass Sie es mit der Sättigungsgrenze – stellvertretend für Ihre anderen Grenzen – nicht mehr so genau nehmen. Weil Sie lernen mussten diese zu verleugnen. In der Konsequenz bemerken Sie heute erst an den Folgen, dass etwas schiefläuft. Sei es durch Übergewicht, Überforderung oder sonstigen Leidensdruck.

Die gute Nachricht: Sie können lernen (mittels Selbstbeobachtung!), a) Ihre (Sättigungs-)Grenzen wieder wahrzunehmen, b) sich von den Reaktionen anderer darauf zu befreien und c) zu dem zurückzufinden, wie Sie gedacht sind. Als *legitimes Nein-Wesen*! Mit umfangreichen Schutzreflexen. Ganz ohne Diät, nur mit Mentaltraining quasi. Wobei dieses Ernährungsbeispiel hier nur zum Begreifen des Prinzips dienen soll, da es natürlich noch ganz andere Hintergründe für ungesundes Essverhalten jedweder Couleur gibt.

Alternativ können Sie in puncto *Verhältnis zum eigenen Körper* auch an Redewendungen zurückdenken wie »Ein Indianer kennt keinen Schmerz!« und sich überlegen, was ein solcher Spruch mit unserer *Schmerzgrenze* macht, und damit, sich selbst als verwundbar zu akzeptieren und zu zeigen (Stichwort krankmelden und Selbstfürsorge).

Glaubenssätze entstanden also, indem Sie etwas getan oder unterlassen haben, das an das Reaktionsverhalten Erwachsener gebunden war.

Typische, körperlich und seelisch für Kinder »lebensbedrohliche« Reaktionserfahrungen mit Bezugspersonen können sein:

- Liebesentzug (»Wenn du nicht xy, hab ich dich nicht mehr lieb.«/»So mag ich dich nicht.«)
- Zorn (»Das machst du nicht noch mal!«)
- Entwertung (»Das hast du noch nie gekonnt.«/»Du bist genauso blöd wie dein Vater.«)
- Verfälschung (»Dir ist nicht kalt, du bist nur müde!«)
- Belustigung (»Damit kannst du im Zirkus auftreten.«)
- Vergleiche (»Deine Geschwister haben das auch alle überstanden!«/»Davon geht die Welt nicht unter.«)
- Drohungen, auch solche, die Ihren tatsächlichen Einfluss übersteigen (»Dann gibt es morgen kein schönes Wetter!«)
- Emotionale Erpressung (»Dann ist die Mama ganz traurig.«)

Egal, was es im Einzelnen ist – durch solche und andere Erlebnisse wurde in uns unbewusst die Befürchtung eingebrannt: »Wenn ich mich *authentisch* verhalte, passiert etwas Schlimmes.«

Um dieses Programm nun zu überschreiben, gibt es nichts Kraftvolleres als *neue positive Erfahrungen*. Am besten in derselben Sache! Trauen Sie sich also, Ihre damals traumatischen Situationen zu wiederholen (natürlich nur, sofern es sich um alltägliche Angelegenheiten handelt – ansonsten lassen Sie sich bitte von einem zertifizierten Therapeuten beraten!), um dabei festzustellen, dass sich heute keine Ihrer Befürchtungen mehr bewahrheitet.

Dadurch erschaffen *Sie* neue Glaubenssätze für sich.

An dieser Stelle sei noch erwähnt, dass *Trauma* wörtlich übersetzt »Verletzung« bedeutet und nicht immer ein schweres Zugunglück oder ein Streit sein muss. *Jede* Verletzung unserer Seele ist ein Trauma.

Hier der mögliche Ablauf eines solchen Anti-Trauma-Feldversuchs – der Einfachheit halber bleibe ich dabei beim Thema Essen: Wenn Sie also heute beim Italiener sitzen und »tapfer« (das ist auch so was …) mit dem letzten Stück Pizza kämpfen, lassen Sie es doch einfach mal stehen. Im Idealfall müssen Sie auch gleich durch die Feuerprobe – den missbilligenden Blick des Kellners, der beim Abräumen höflich-beleidigt eine Braue hochzieht und sagt: »Hat es Ihnen nicht geschmeckt?« Ihre *private* Sättigungsgrenze wird damit also an eine Erwartungshaltung (der Küche) und die Reputation des Restaurants gekoppelt. Und dann sagen Sie:

»Doch, wunderbar. Vielen Dank!« Und sonst nichts.

Denn es ist *Ihr* gutes Recht, frei über die Pizza zu verfügen, die *Sie* bestellt und bezahlt haben, und darüber, ob sie nun erst in Ihrem Magen und dann im Klo oder gleich im Müll landet. (Ich sage das so drastisch, damit es seinen Schrecken verliert!)

Versuchen Sie, das ungute Gefühl dem Kellner gegenüber auszuhalten – seine vermeintliche Kränkung, Ihr schlechtes Gewissen, die Blicke der anderen Gäste, die alle brav aufessen und nicht so undankbar sind – kurz: all das, was gemäß Ihrer Prägungen auf dieser Bühne nun so alles in Ihnen abläuft, aber höchstwahrscheinlich gar nicht Realität ist.

Denn Sie müssen sich nicht rechtfertigen! Das Fassungsvermögen Ihres Magens geht niemanden etwas an. Vielmehr sind Sie dazu berechtigt, sich ganz genau die Menge einzuverleiben, an der Sie Freude haben. Gleiches gilt selbstverständlich umgekehrt für die Bestellung gleich zweier Portionen Tiramisu, wie ich es einmal tat, als mir danach war. Der Kellner war so umsichtig anzumerken: »Erwarten Sie noch Gäste?«

»Heute nicht.« (Und jetzt verschwinde aus meinem Kreidekreis!)

Ebenso wenig liegt es in Ihrer Verantwortung, dass er nun 20 Gramm Pizza zurück in die Küche tragen muss, denn es war ja nicht Ihre Berufswahl. Auch das sage ich so deutlich, damit Ihr möglicherweise verzerrtes Gefühl in Sachen *Verantwortung für die Emotionen anderer Menschen*, das durch oben genannte Prägungen ebenfalls oft in uns entsteht, wieder geradegerückt wird.

Und damit sind wir auch schon bei den *Referenzpersonen*, auf die wir später im Kapitel »Übergriffigkeitstypen« eingehen werden. Hier ein kurzer Boxenstopp:

Glaubenssätze: Können Sie nix dafür.

Knebelgedanken: Können Sie was dafür.

Beides: Können Sie was dagegen!

Gefühle anderer Menschen: Können Sie lernen auszuhalten!

Zumal kein Mensch in der Lage ist, über sich selbst hinaus zu fühlen. Somit sind es letztlich nur *unsere eigenen Gefühle*, die wir spüren. Die aber durch die Wut, Enttäuschung oder Missbilligung unserer gezeigten Ablehnung durch andere in uns ausgelöst werden. Doch uns selbst können wir, mit etwas Übung, jederzeit kontrollieren!

Eng verwandt mit den Glaubenssätzen sind unsere **Knöpfe**. (Anmerkung: Auch hierzu lässt sich ein schöner Soundtrack einspielen – »Push the Button« von den Sugababes. Sofern Sie nun einen Ohrwurm bekommen, ist das super, denn durch diese Untermalung wird Ihre Bewusstwerdung sofort geboostet, sobald eine Knöpfe-Situation vor Ihnen auftaucht! Sprich, jemand auf einen der Ihren draufdrücken will.)

Knöpfe schießen aus dem Boden unserer Glaubenssätze wie Pilze. Somit könnte es sein, dass es Ihnen immer dann besonders schwerfällt, *Nein* zu sagen, wenn ...

- Ihnen jemand schmeichelt (»Machst du für mich xy? Du kannst das doch so gut!«),
- Sie jemand zeitlich unter Druck setzt (»Das muss aber heute noch raus!«),
- Sie jemand emotional erpresst (»Es ist deine Entscheidung, ob du willst, dass es deiner Mutter wieder schlecht geht!«),
- Sie jemand als Retter erhöht (»Wir haben sonst niemanden!«/»Was täten wir nur ohne dich?!«),
- Ihnen jemand Angst macht (»Wenn du das Homeschooling nicht leisten kannst, muss ich wohl das alleinige Sorgerecht beantragen!«),
- jemand Ihre Grenzen aufweicht (»Du tust so, als wäre das eine Riesen-Belastung!«/»Das ist doch jetzt kein Act, oder?«),
- jemand anderweitig seine Macht über Sie auszuspielen versucht (»Wenn Sie nicht xy, müsste ich mir das mit dem Urlaubstag noch mal überlegen!«),

… und vieles mehr.

Beobachten Sie also auch einmal, welche Knopf-Pilzsorte bei Ihnen am besten wächst!

Sollten Sie sich zum Beispiel häufig in der ersten Situation wiederfinden (Schmeichelei), lohnt es sich, sich im Rahmen Ihres Selbstwertgefühls einmal näher mit dem Thema *Anerkennung* zu befassen. Ihr Glaubenssatz dahinter könnte zum Beispiel lauten: »Ich bin nicht genug« oder »Für Zuneigung muss ich mich anstrengen«.

Das Gegenmittel: Wertschätzung! Je mehr Wertschätzung, auch für kleinste alltägliche Erfolge (pünktliches Aufstehen, Geschirrspüler ausgeräumt, Zahnarzttermin gemacht), Sie sich selbst geben, desto unabhängiger – und damit unangreifbarer – werden Sie für den »Ich honoriere, was du für mich leistest«-Knopf werden. Verpassen Sie sich selbst eine Schutzimpfung! Je mehr Sie sich selbst honorieren, desto immuner werden Sie gegen eigennützige Aufwertung aus der Umwelt.

Falls Sie eher auf emotionale Erpressung ansprechen (»Dein Vater würde sich im Grabe umdrehen!«), lohnt sich die Überprüfung Ihres *Verantwortungsgefühls*. Denken Sie in diesem Fall an den italienischen Kellner. Nicht *Sie* befinden sich durch Ihr Nein in *seinem* Kreidekreis, sondern er sich durch seine Reaktion in *Ihrem!* Auch diese Verschiebung von Grenzen werden wir noch einmal ausführlich im Kapitel »Übergriffigkeitstypen« behandeln.

Letztlich lauten die Fragen an uns selbst immer: Womit gehe ich in Resonanz? Und warum? Und was perlt an mir ab wie an einer Teflonpfanne? Und warum?

Wie kommt man seinen Glaubenssätzen, Knöpfen und Knebelgedanken aber nun auf die Spur? Ganz einfach: Durch *Muster!*

Dazu braucht Ihr innerer Wissenschaftler auf seinem Selbstbeobachtungsposten nichts weiter als Zeit und gezielte Aufmerksamkeit. Denn ein Muster ist etwas, das gehäuft, wiederkehrend und vielleicht sogar in immer kürzeren Intervallen auftritt. Denn für Ihre Außenwelt ist es an Ihnen erfolgreich, also will sie davon mehr. Und was gut funktioniert, behält der Mensch bei (also gut für die anderen, für Sie ist das natürlich kein akzeptabler Daseinszustand!). Am Beispiel meiner Freundin Christine turne ich Ihnen das einmal vor:

Immer wieder beobachtete Christine an sich, dass sie sich besonders Fremden gegenüber verpflichtet fühlt. Dies äußerte sich dadurch, dass Ihre größten Nein-Fallen in der *Öffentlichkeit* lauerten – vor Marktforschungsinstituten, an Spendenständen, auf Supermarktparkplätzen oder in potenziellen Vermietern, mit denen sie lediglich einmal bei einer unverbindlichen Besichtigung in Kontakt getreten war. Christine bejahte nahezu alles, noch bevor man sie überhaupt gefragt hatte, ob sie teilnehmen, spenden, mieten oder ausparken wolle (obwohl sie gerade erst eingeparkt hatte).

In ihrer eigenen Wohnung wiederum fühlte sie sich ihrem wahren Selbst konsequent verbunden und hatte auch Freunden, Vorgesetzten oder ihrem Partner gegenüber keinerlei Probleme, ihre Grenzen zu wahren. Draußen jedoch spürte sie diese nicht einmal mehr. Wenn dort jemand auf sie zukam, wurde sie ein ums andere Mal zu einer willenlos lächelnden Hülle, quasi nur darauf ausgerichtet, Fremden zu gefallen.

Nachdem ihr dies aufgefallen war, dauerte es allerdings noch eine Weile, bis sie sich der Sache stellen konnte, denn sie fühlte sich ihrem eigenen Verhalten gegenüber so sehr ausgeliefert, dass sie sich gleich nach der Erkenntnis desselben zunächst zwischen Verzweiflung, Selbsthass und Vermeidungsverhalten bewegte. Dann aber begann sie, mutig ihre Kindheit zu durchleuchten, nach genau dieser Frage: »Wo bin ich einmal in eine Situation geraten, in der es für mich (lebens-!)wichtig war, die Zuneigung Fremder zu erlangen?«

Und wieder dauerte es ein Weilchen, bis das Dickicht ihrer Gehirn-Schutzmaßnahmen den Blick auf die Lichtung einer schmerzhaften – tatsächlich existenziell bedrohlichen – Erinnerung freigab. Erst begann Christine davon zu träumen, dann stieg die Sache in ihr Tagesbewusstsein auf, wodurch sie sich endlich davon lösen konnte …

Christine war ungefähr vier Jahre alt gewesen, als ihr Kindergarten wie jeden Tag um halb zwölf endete. Wie alle anderen Kinder (es waren damals nicht die Zeiten von Laufrad, Warnweste und Matschhose) lief Christine mit ihrer Butterbrottasche hinaus auf den langen Weg vor der Einrichtung, auf dem die Eltern zur Abholung Spalier standen. Gespannt suchte Christine in den Reihen rechts und links das Gesicht ihres schon recht betagten Opas, der sie jeden Mittag abholte. Doch er war einfach nicht da. Als der Weg sich zügig leerte, der Kindergarten längst abgeschlossen war (andere Zeiten …) und nur noch Christine allein auf dem Weg stand, wurde ihr klar, dass sie die gefährlichen drei Straßen nach Hause mit ihren vier Jahren niemals alleine würde meistern können, obwohl sie den Weg genau kannte. Mit der Erkenntnis über die für Sie ausweglose Situation und der in ihr aufsteigenden Panik erblickte Christine eine fremde Mutter, deren Sohn etwas auf dem Weg verloren hatte, sodass beide noch einmal zurückgekommen waren. Tränenüberströmt lief Christine auf sie zu und sagte, dass ihr Opa nicht da sei! Die Mutter nahm sie kurzerhand mit – obwohl Christine andererseits eingebläut worden war, niemals mit Fremden mitzugehen, was zu einem weiteren großen Konflikt in ihr führte. Aber schließlich war mitzugehen in diesem Augenblick Christines einzige Lösung, und am Ende war sie unendlich froh und dankbar, als die fremde Mutter und ihr Sohn sie an der Haustür Ihrer Großeltern absetzten.

Christine hatte so die Erfahrung gemacht, dass Freundlichkeit zu wildfremden Menschen für sie die Rettung aus einer, aus kindlicher Sicht, lebensbedrohlichen Situation bedeutet hatte, und dieses Verhalten abgespeichert.

An diesem Tag wurden in ihr folgende Glaubenssätze geboren:

»Ich bin nicht wichtig.«
»Ich bin auf Fremde angewiesen.«

Die nun bewusste erwachsene Christine dachte im Zuge ihrer Nein-Aufarbeitung auch über Sätze ihrer Eltern nach, die sie in dieser Hinsicht noch geprägt haben konnten. Und tatsächlich hatten die Worte ihrer Mutter nicht selten gelautet: »Was soll der Herr Soundso von dir denken?«, »Grüß mir bloß die Nachbarn, hörst du?«, »Wenn Frau XY dich so sieht!« und »Die Leute gucken schon!«.

Christines Erziehung hatte also besonders auf ihre Wirkung im Außen abgezielt. Zusammengenommen mit der Erfahrung, dass Fremde sie »gerettet« hatten, denen sie sich bis heute verpflichtet fühlte, und einem häufigen Gefühl des Alleinseins, das sie anderen ersparen wollte, sprang Christine am Sonntagmorgen um sechs Uhr Früh aus dem Bett, um eine Arbeitskollegin zum Flughafen zu fahren, die in einen Single-Club reiste, um nicht mehr allein zu sein.

Daher verordnete Christine sich selbst schlussendlich folgende Umkehrung (Zettel/Stift!) und schrieb Ihre Glaubenssätze ganz einfach um, im wahrsten Sinne des Wortes:

Ich bin nicht mehr auf Fremde angewiesen!

Ich bin wichtig!

Ich selbst entscheide, wem ich gefallen möchte!

Ich muss nicht allen helfen, die mit etwas allein sind. Ich darf anderen Erwachsenen zumuten, sich anderweitig zu helfen.

Ich bin nicht mehr vom Wohlwollen Fremder abhängig!

Heute bin ich erwachsen und verfüge über eigene Ressourcen, um mir im Notfall zu helfen (Geld, Handy, Freunde).

Wenn mich jemand vergisst, liegt das an ihm, nicht an mir.

Und genauso können Sie es auch machen!

Achten Sie auf ein Hauptmuster an sich. Denken Sie im Kontext einer zentralen Kindheitserinnerung über dieses nach. Überlegen Sie, welche Rolle dieses Thema in Ihrem Elternhaus oder bei anderen Ihrer engsten Bezugspersonen gespielt hat. Das können auch Erzieher, Lehrer, Kindermädchen oder Verwandte gewesen sein. Oder wer auch immer Ihnen nahestand und größeren Einfluss auf Sie hatte! Was waren häufige Aussagen und typische Ansichten dieser Personen? Welche Annahmen könnten Sie dadurch verinnerlicht haben?

Heute ist Christine auch in der Öffentlichkeit eine routinierte Neinsagerin, die unbehelligt, vergnügt und kritisch mitten durch Fußgängerzonen, Parkhäuser und Besichtigungen schlendert und in aller Seelenruhe erst einmal prüft, wer oder was sich vor ihr auftut, bevor sie stehen bleibt und etwas von sich preisgibt. Wenn überhaupt.

Einzig, dass sie sich zu Anfang ihrer Erkenntnisse so lange über sich selbst geärgert hatte, bevor sie die Sache anging, ärgert Christine noch heute. Aber das ist okay!

Niemand auf Ihrer Nein-Reise stoppt die Zeit! Ob Sie diese in einer Rakete antreten oder auf einem Muli, zu Fuß oder mit Lichtgeschwindigkeit, bestimmen nur Sie. Ankommen werden Sie allemal!

Wichtig ist, dass Sie auf dem Weg sind, ehrlich zu sich selbst und verstehen, dass hinter einem vermeintlich einfachen *Nein* eine ganze Biografie steckt.

Viel Freude und nur Mut beim Aufdecken Ihrer alten Glaubenssätze! Und denken Sie immer daran, warum Sie losgelaufen sind: Sie wollen zum Gipfel!

Hidden Needs –
versteckte Ja-Bedürfnisse

In der bunten Welt der inneren Nein-Hindernisse kommen wir jetzt zu einer weiteren, besonders spannenden Hürde auf dem Parcours: *versteckte eigene Bedürfnisse*, die uns – unbewusst – daran hindern, Nein zu sagen.

Weil diese Bedürfnisse (meist gibt es auch hier ein zentrales Hauptbedürfnis) **noch drängender sind für unsere Seele als der Wunsch, uns abzugrenzen.**

Auch diese Bedürfnisse stammen manchmal noch aus der Kindheit und fanden vielleicht noch nie Erfüllung, oft aber werden sie auch erst getriggert, zum Beispiel durch neue Lebensphasen.

Wie bei meiner guten Bekannten Mareike …

Eigentlich kannte ich Mareike ausschließlich als beneidenswert klar abgegrenzten Menschen.

Wir waren zusammen zur Schule gegangen und sie war die Erste aus unseren Reihen gewesen, die bereits mit 16 selbstständig Geld verdiente und beiseitelegte. Nahezu visionär, quälen wir anderen aus der Clique uns teilweise erst jetzt, mit 40, durch das Thema *Frauenfinanzen*.

Mareike wusste schon immer genau, was sie wollte. Sie war die Hübsche mit der Mathe-Zwei und den im Sommer braun gebrannten Beinen, der alles gelang und die immer dabei war. Was Jungs anging, war sie von Anfang an wählerisch gewesen und pflegte selbst als Teenager eine absurd-innige Beziehung zu ihren Eltern. Obgleich wir anderen nicht verstanden, wie Mareike es an einem Freitagabend vorziehen konnte, ihrer Mutter beim Marmeladeeinkochen zu helfen, statt mit uns im Jugendzentrum abzuhängen, bewunderten wir still ihre Prinzipien, die früh denen einer gereiften Frau mittleren Alters entsprachen.

Als einmal ein Taxifahrer unser Trio nach einem Discobesuch über den Tisch ziehen wollte und das, was auf dem Taxameter stand, pro Person verlangte, ließ nur Mareike sich nicht von ihm einschüchtern, sammelte stumm jeweils ein Drittel des Betrages von uns ein und legte ihm das Geld auf den Cent genau passend aufs Wagendach, bevor sie konsequent in ihrem Vorgarten verschwand. Über ihren ersten Kuss und ihr erstes Mal bewahrte sie absolutes Stillschweigen. Undenkbar, dass eine Frau wie Mareike jemals Probleme in Sachen Abgrenzung bekommen könnte!

Gut zwanzig Jahre später besuchte ich sie in ihrem Leben als Mutter in Frankfurt. Von der Mareike, die ich einst kannte, war nur noch ein Abglanz übrig …

Freizügig berichtete sie mir von der Entstehung ihres Sohnes auf Sardinien, lauschte konzentriert auf den Anruf Ihres Mannes, der beruflich im Ausland war, verwickelte den Postboten über die Gegensprechanlage in ein Gespräch über Sternzeichen und flehte mich an, doch über Nacht zu bleiben. Dabei war ihr Spross Lex bereits zweieinhalb Jahre alt und ein pflegeleichter Sonnenschein.

Überall in der Wohnung fanden sich abonnierte Zeitschriftenstapel, Lieferdienstessensreste und Kosmetikartikel, die sich Mareike, von jeher eher der natürliche Typ, offenbar hatte aufschwatzen lassen. Auf einem Spaziergang warf sie einem Straßenmusikanten gleich einen Zehn-Euro-Schein in den Hut und als er sie mit einem Panflöten-Lächeln bedachte, grinste sie selig. Kurz, Mareike war grenzenlos geworden!

Da ich fand, dass ihr Zustand meiner erinnerten Mareike keinesfalls würdig war, blieb ich tatsächlich. Und als ihr Sohnemann schlief, gingen wir der Sache auf den Grund.

Auf der Couch in ihren Weißwein schluchzend erklärte mir Mareike mit müden Augen und blassen Beinen, wie einsam sie war! Ihre Eltern hatten Wunschkind Mareike selbst sehr spät bekommen und waren inzwischen verstorben, die Schwiegereltern gehörten zur Sorte Kreuzfahrt und hatten wenig Interesse an ihr und dem Enkel (für manche wäre das ein Segen!), ein Umzug wegen der Arbeit ihres Mannes, die Ratschläge von Mareikes überarbeiteten Kollegen, drei Jahre Elternzeit zu nehmen, und die Wartelisten der umliegenden Krippen – all das hatte Mareike aus ihrem sozialen und beruflichen Umfeld katapultiert.

Dieser Veränderungen war sie sich vor der Familiengründung sogar bewusst gewesen, hatte aber darauf gebaut, schnell andere Mütter kennenzulernen. Und genau das war ordentlich schiefgegangen! Denn andere Mütter gab es zwar, allerdings keine gleichgesinnten. Eine Erfahrung, die ich leider von Herzen mit ihr teilen konnte …

In der ersten Zeit mit der Sumseeule war es mir ähnlich ergangen und so hatte ich, kurz nach ihrem heiß ersehnten Eintritt in den Kindergarten, jeden Erziehungsberechtigten aus der Igelgruppe, den ich noch nicht vom Spielplatz her kannte, mit offenen Armen empfangen – und eingeladen. Regelmäßig hatte ich neben meinem Wiedereinstieg in den Job meine letzten Reserven mobilisiert, den verfallenen Haushalt auf Vordermann gebracht, mich zivilisiert gekleidet und etwas aus dem Bereich *Patisserie* kredenzt, um auch privat nicht den Anschluss an andere Menschen zu verlieren. Was vor allem dazu geführt hatte, dass die eingeladene Person meist schnell die Gunst der Stunde erkannte und sich zur Abwechslung rundum selbst versorgen ließ. Ein Umstand, dem ich mich als Gastgeberin hoffnungslos ausgeliefert sah und erst durch Erika begriff, wie man es – abseits meiner Höflichkeitserziehung – auch machen konnte, wenn man Gesellschaft wollte, aber keinerlei Arbeit.

Im Gegensatz zu meinen Bemühungen wies sie mich bei sich schlicht an, mir ein Glas aus der Spülmaschine zu nehmen, es selbstständig zu reinigen (»unser Heißwasser geht nicht, Schwämme kaufe ich nächste Woche!«), und lud mich großzügig ein, es mit Leitungswasser zu füllen. Was mir Erika vom Klo aus zuschrie, um Neo zu übertönen, der gefrustet mit der Fernbedienung gegen die Tür schlug, hinter der sich seine Mutter verbarg, die mir außerdem zurief, dass sie tagelang darauf gewartet hatte, nun endlich *ganz in Ruhe* aufs Klo gehen zu können.

Trotz dieser destruktiven Erfahrungen schmiss ich in schönster *Neue-Freundinnen-Naivität* noch hoffnungsvoll eine Popcorn-Party, ein Waffelwochenende und eine Luftballon-Sause, ohne eine einzige Gegeneinladung. Und wenn mich eine andere Mutter einmal nach 18 Uhr kontaktierte, dann nur als Lückenbüßer, weil ihr Mann beim Sport oder sie an meinen Tipps hinsichtlich verschluckter Murmeln und Notaufnahmen interessiert war.

Da es sich schnell rumgesprochen hatte, dass es bei mir Heißgetränke mit Untertassen, Legostein-freie Böden und Nachrichten im Radio gab, ohne *Törööö*, kamen zu den von mir bis zur Erschöpfung ausgesprochenen Einladungen bald auch noch solche hinzu, bei denen sich einige Mütter und Väter selbst einluden. Hatten wir eine neue Wohnung gefunden, hieß es:»Die sehe ich mir an!«, und hatte der Kuchen geschmeckt, hieß es:»Den kannst du nächste Woche noch mal für mich machen, wenn du so gerne backst!« Und ich tat es.

Denn genau wie Mareike war ich nach verwaisten Zeiten auf dem Spielplatz ausgehungert gewesen nach menschlicher Nähe, geistigem Austausch und humorvollen Stunden in lieber Gesellschaft, die seit unserer Schul- und Studienzeit nicht mehr frei Haus geliefert wurden. Der neue Lebensabschnitt war da, die alten Freunde weg und neue nicht wirklich in Sicht. Und unserer tiefen Sehnsucht danach hatten Mareike und ich (und sicher auch andere Frauen) sämtliche Grenzen geopfert!

Immerhin hatten unsere Kinder bei diesen Gelegenheiten schöne Nachmittage verbracht, womit wir uns trösten konnten, und mit dem, was wir beide, 600 Kilometer entfernt und unabhängig voneinander, gelernt hatten:

Nur, weil man ein rotes Auto besitzt, muss man sich nicht plötzlich mit allen verbünden und gut verstehen, die auch eins besitzen.

Nachdem wir uns an diesem Abend im ehrlichen Austausch darüber klar geworden waren, dass das Bedürfnis nach Bindungen uns beide zu Handlungen getrieben hatte, die weit hinter unseren Nein-Grenzen lagen, schworen wir uns gegenseitig auf ein kleines Experiment ein: dass wir ab jetzt wieder ganz wir selbst sein würden, *Nein* inklusive, und abwarten wollten, was passiert. Und siehe da, nach und nach traten wieder Umstände in unser Leben, die dieses Bedürfnis erfüllten. Sofort zum Beispiel wurde unsere eigene Freundschaft durch die Offenheit, einander und uns selbst gegenüber, stärker und wieder intensiver, trotz der Entfernung. Natürlich hat auch die Zeit für uns gearbeitet – unsere Kinder wurden größer und wir bekamen wieder mehr Freiraum, uns auch anderweitig in die Gesellschaft einzubringen als durch einen Rückbildungskurs. Aber durch das gegenseitige Eingeständnis (Bewusstwerdung!) der tieferen Hintergründe unserer vorübergehend dramatischen ANS konnten wir wieder gezielt für uns sorgen – ohne Umweg über die Mutterschaft und Bringdienste.

So sattelte Mareike geschäftlich um, um nicht auch noch beruflich alleine vorm Laptop zu versauern, und ich trat einem Orchester bei, was mein Bedürfnis nach Zugehörigkeit deckte (und nebenher dem qualvollen Geigenunterricht meiner Teenagerjahre doch noch einen Sinn verlieh). Lex muss nicht mehr täglich indisch, italienisch und chinesisch essen, damit seine Mutter ein bisschen Ansprache hat, und Straßenmusiker unterstützt Mareike noch heute, aber nicht so weit, dass es ihr eigenes Konto überlastet. Und in Sachen Kosmetik ist sie zu ihren Lachfältchen und ihrem Vertrauen in gute Gene zurückgekehrt.

Heute sind unsere Nein-Grenzen wieder intakt!

All das zeigt, wie stark auch unsere menschlichen Grundbedürfnisse dem Neinsagen entgegenwirken können, wenn wir sie nicht decken. Vielleicht sagt Ihnen, als weiteres Exempel, der Enkeltrick etwas?

Ich bin überzeugt, dass nur wenige unserer lebensklugen Senioren wirklich darauf hereinfallen, wenn Fremde vor der Tür stehen und um Hilfe, Schmuck und Bargeld bitten. Vielmehr fürchte ich, dass nicht wenige von ihnen das Risiko, beraubt zu werden, sogar klaren Kopfes in Kauf nehmen – für ein paar Stunden (zwielichtiger) Gesellschaft. Genauso wie es Models gibt, die sich auf der Suche nach Aufmerksamkeit und Bewunderung zu Tode hungern, Großmütter, die sich vom Schwiegersohn herablassend behandeln lassen, um in der Nähe der Enkel zu sein, oder Messies, die auf der Suche nach Schutz und Geborgenheit Kram und Tiere horten. Es gibt unzählige unterschiedliche Ausprägungen, in denen zutiefst humane, unerfüllte Bedürfnisse unsere natürlichen und gesunden Grenzen sprengen!

Daher lohnt sich allemal auch der Blick auf Ihre tiefsten zwischenmenschlichen Grundbedürfnisse, um Ihr Nein auszubauen. Was immer es ist – vielleicht gelingt es Ihnen mit diesem Wissen ja hie und da nun sogar, nicht nur Ihre eigenen Nein-Grenzen wieder zu justieren, sondern auch die eines anderen Menschen zu stärken. Indem Sie, achtsam und selbstlos, beispielsweise jemandem regelmäßig Gesellschaft leisten, der es gebrauchen kann?

Außerdem, Sie wissen ja: Das ist gut fürs Karma!

No, we can! –
Selbstermächtigung
und Nein-Kompetenz

Nachdem Sie nun erkannt haben, dass Sie sich mit Abgrenzungsproblemen herumschlagen und unterschiedliche Ursachen dahinter kennengelernt haben, dürfen Sie genau diesen Gedanken wieder fallen lassen!

Denn solange Sie von sich denken, dass Sie schlecht Nein sagen können, haben Ihre inneren Antagonisten (Widersacher) und Ihre fordernde Außenwelt alleine dadurch leichtes Spiel.

Deswegen (Zettel/Stift):

Ich kann mich abgrenzen.

Gedanken können uns schwächen oder stärken. Daher ist ein neuer Gedanke, der von Ihnen bewusst gewählt und häufig gedacht wird, schon ein großer Schritt zu veränderten Handlungen und damit in eine bessere, das heißt für Sie stimmigere Realität. Schicken Sie diesen neuen erwünschten Glaubenssatz vollen Herzens an Ihr Unterbewusstsein! Er ist der neurologische Spatenstich für Ihr praktisches Training.

Denn neben den Hürden, die Sie nun entlarven können, den Übungen, die Sie ab jetzt durchführen, und den Formulierungen, die Sie noch an die Hand bekommen werden, ist der unerschütterliche Glaube an sich selbst und Ihre Fähigkeit *Nein* zu sagen, das Fundament Ihrer gesamten Nein-Arbeit.

Nehmen Sie sich nicht länger als Person wahr, die sich schlecht abgrenzen kann, sondern imaginieren Sie sich als der Mensch, der Sie am Ende Ihrer Reise Nein-mäßig sind. Gerade, wenn dies heute noch so gar nicht Ihrer Wirklichkeit entspricht.

Sonst nämlich kreieren Sie Ihr Leben weiterhin aus Ihrer bisherigen Erfahrungswelt heraus, mitsamt Ihren Nein-Niederlagen, und steigern die Wahrscheinlichkeit, diese zu wiederholen. Denn Ihre Psyche ist auch ein Gewohnheitstier! Andersherum generieren Sie wiederum die gewünschte Änderung Ihres Verhaltens und damit Ihrer Nein-Resultate nicht aus dem Mangel an Nein-Erfolgen, sondern aus der erfüllten Nein-Version Ihres Lebens!

Erschaffen Sie die Gegenwart auf der Basis Ihrer angestrebten Zukunft – nicht aufgrund der unliebsamen Vergangenheit.

Auch damit durchbrechen Sie Ihr bisheriges Jasein!

Vertrauen Sie darauf, dass es funktioniert – genauso, wie Sie am Düsseldorfer Flughafen davon ausgehen, dass Sie nach einiger Zeit in Denpasar landen werden, wenn Sie eine Balireise gebucht haben. Sicher denken Sie in diesem Fall – voller Vorfreude auf das Neue, das Sie dort erleben werden – auch nicht die ganze Zeit über Ihren letzten Mallorca-Urlaub nach, bei dem Ihre Koffer verloren gingen, oder? Wären Sie der Pilot, wäre dies sogar gefährlich. Denn durch eine solche Denkweise würden Sie am Ende noch aus Gewohnheit versehentlich wieder dort hinfliegen, so wie Sie als Autofahrer gelegentlich falsch abbiegen, wenn es morgens mal nicht zur Schule Ihrer Kinder, sondern am Samstag zum Einkaufen geht.

Konzentrieren Sie sich immer nur auf Ihr Ziel! Es steigert Ihre Chancen, dort anzukommen, erheblich.

Und seien Sie dabei positiv. Denn es ist außerdem hilfreich, sich *nicht von etwas weg*zubewegen, sondern *zu etwas hin*. (Weil der Wunsch, vom Ja-Sagen wegzukommen, den Fokus – indirekt – auch wieder auf das *Ja* legt. Statt auf das *Nein*. Logisch, oder?)

Dieses neue – schon einmal in Theorie und Fantasie erschaffene, gut abgegrenzte – Selbstbild wird Ihnen viel Kraft verleihen, Ihr inneres Nein auch tatsächlich nach außen zu leben.

If you can dream it, you can do it.

WALT DISNEY

Um sich in Ihrem neuen Selbstverständnis praktisch zu stärken, ist es essenziell, dass Sie Ihr Verständnis von sich selbst als *wirksames Wesen* verbessern. Das bedeutet, dass Sie Ihre Aufmerksamkeit ab jetzt willentlich auf Erfahrungen richten und Situationen gezielt herbeiführen, in denen Sie Ihre Selbstwirksamkeit beobachten, wahrnehmen, spüren und im Ergebnis sehen können! Kurz, in denen Sie sich der Lenkung der Geschehnisse *durch sich selbst* bewusst werden – als Steuerelement von Ursache und Wirkung. Bis kein Zweifel mehr in Ihnen besteht, dass sich diese Möglichkeit der vollkommenen Einflussnahme auch auf Ihre Abgrenzungskompetenz erstreckt.

Durch die achtsame Wahrnehmung auch noch so kleiner Entscheidungsspielräume stärken Sie Ihr Gefühl von Selbstwirksamkeit, aus dem Ihr gesundes Nein erwächst!

Salopp formuliert: Sie sind am Drücker! Im Alltag kann diese Übung so aussehen, dass Sie Begebenheiten finden, in denen Sie vor einer Wahl stehen. Das kann schlicht beim Bäcker sein, wenn Sie einen Cappuccino ordern (ich weiß, Sie trinken wie ich Kaffee nur fair gehandelt zu Hause aus Tassen), aber wenn es Ihnen doch einmal passiert, dass man Sie fragt, ob Sie einen kleinen, mittleren oder großen möchten und ob Zimt oder Kakaopulver obendrauf soll, dann überprüfen Sie anschließend das Ergebnis. In puncto, ob dies Ihnen wirklich *hundertprozentig* entspricht. (Ich wähle dieses Beispiel extra, weil sich bei der Bestellung von Heißgetränken in unserer modernen Welt zahlreiche fettarme bis sahnige Wahlmöglichkeiten auftun, die nur auf Sie zugeschnitten sind.) Neben der Schulung Ihres Selbstwirksamkeitsgefühls werden Sie in diesen Situationen trainieren, bei jeder Handlung im Außen die innere Gegenprobe in Sachen seelischer Kongruenz zu machen, um später schneller und adäquater Nein sagen zu können, und sich außerdem dabei noch besser kennenlernen.

Denn die Kenntnis Ihrer Wünsche, Werte, Bedürfnisse und Grenzen ist mit die wichtigste Voraussetzung, um Ihr Nein mit Leichtigkeit und Selbstverständlichkeit durchzusetzen.

Um bei unserem Bäckerei-Beispiel zu bleiben, ordern Sie also so lange, bis Sie es geschafft haben, wirklich rundum das zu bekommen, wonach Ihnen ist!

Im »Idealfall« – im Sinne einer wertvollen Übungserfahrung – stoßen Sie dabei gleich auf mehrere Hindernisse: Die Bedienung nimmt doch den Becher in der falschen Größe vom Stapel, findet die Taste auf der Kasse nicht, um Ihren Extra-Shot Espresso zu berechnen, und nimmt ihnen zehn Cent mehr ab, als auf dem Angebot an der Tür steht. Wodurch Sie auch mit Ihrem bisherigen Ja-Selbstbild (zum Beispiel dass Sie niemandem Umstände machen, die Verkäuferin ob ihrer Fehler nicht bloßstellen oder nicht so kleinkariert sein wollen) konfrontiert werden. Bitte seien Sie in diesem Fall umständlich, kleinkariert und geizig!

Denn es geht unter anderem darum, genau diese verschobene Wahrnehmung Ihrer eigenen Person als *zu anspruchsvoll* in die Wahrnehmung derselben Aktionen als *legitimen und angemessenen Nein-Vorgang* zu verwandeln.

Sie haben jederzeit das Recht, mit Ihrem Nein für sich einzustehen.

So machen Sie letztlich nebenbei einmal mehr die Erfahrung, dass Ihnen – im Gegensatz zu Ihren neinverhindernden Prägungen – nichts weiter Schlimmes widerfährt. Vor allem dann, wenn Sie diese

Übung bewusst in Ihren Alltag integrieren und wiederholt zum Erfolg führen, werden Ihre Emotionen in Bezug auf Ihre neuen Abgrenzungsunternehmungen ihren Schrecken verlieren! Probieren Sie sich einfach aus. Und freuen Sie sich darauf, sich selbst ganz neu zu erleben!

Ihr Nein ist natürlicher Bestandteil Ihrer Selbstwirksamkeit.

Damit steigen Sie aus der Ohnmachtskiste aus.

Denn durch Fehlprägungen haben wir oft auch die Erfahrung gemacht, dass unser Nein – vor allem in seiner frühen Form als Wut, »Ungezogenheit« oder Unangepasstheit (Wahrnehmung der anderen!) – nichts bewirkt hat beziehungsweise nichts in unserem Sinne und uns meist auch noch viel Ärger eingebracht hat. Daraus hat Ihr Unterbewusstsein den Rückschluss gezogen, *ohnmächtig* zu sein, also, wie schon erwähnt, *ohne Macht*. Diesem Gefühl wirken Sie nun durch die obige Übung, die Sie im Kleinen beginnen und ins Große führen können, endlich und ganz gezielt wieder entgegen!

Vielleicht haben Sie (Ihr Ego), um diesem Gefühl etwas entgegenzusetzen und nicht mit dem sehr unangenehmen Gefühl von Hilflosigkeit konfrontiert zu werden, sogar die Glaubenssätze verinnerlicht: »Ich will gar keine Macht!«, »Macht steht nur den anderen zu«, »Ich habe Angst vor meiner eigenen Macht«.

In diesem Fall:

Macht ist nichts Schlechtes. Sie MACHT etwas.

Sie selbst haben es in der Hand, wofür Sie diese, Ihre Macht – also die Fähigkeit, etwas zu bewirken – einsetzen. Und was wäre da besser geeignet als Ihr eigenes Wohlergehen (siehe *wichtigster Mensch in meinem Leben*)? Was wiederum Ihnen die Kraft verleiht, etwas zu *machen*, also zu beeinflussen, zu bewegen oder zu initiieren auf diesem Planeten. Etwas Gutes!

Scheuen Sie diesen Prozess der Selbstermächtigung also nicht. Niemand außer Ihnen selbst wird derart engagiert für Ihre Rechte, Wünsche, Träume, Bedürfnisse, Grenzen und Visionen einstehen! Zudem diese Nein-Ohnmacht keinesfalls auf Ihrem tatsächlichen Einfluss auf Ihren Gemütszustand, Ihr Leben und die Welt fußt, sondern lediglich auf Ihren bisherigen *Erfahrungen* mit Ihren körperlich und verbal ausgedrückten Neins auf die Umwelt – die vielleicht oft nicht gehört oder respektiert worden sind. Bisher!

Vielleicht kennen Sie dieses schöne Bibelzitat:

Und jedem geschieht nach seinem Glauben.

Religiös oder nicht, unsere Psyche arbeitet – Ego sei Dank – stetig daran, unsere Ansichten über uns selbst und die Welt durch immer neue Erfahrungen zu bestätigen.

Wir sehen die Welt nicht, wie sie ist, sondern wie wir sind.

Sprichwort

Schließlich hat das Ego, wir erinnern uns, einen Dauerauftrag. Und der lautet mal so grundsätzlich, uns das Gefühl zu verschaffen: *Schätzelein, hasse Recht!*

Nun klingt das alles vielleicht nach Selbstsabotage. Im Prinzip ist das auch richtig, hat in dieser Formulierung aber nichts mit Selbstliebe zu tun. Betrachten wir es daher einfach mal anders:

Wenn Sie sich selbst im Wege stehen, bedeutet das im Umkehrschluss, dass Sie sich den Weg selbst freiräumen können!

Weswegen diese Selbstermächtigung eng verknüpft ist mit der *Selbstfürsorge* – und damit auch der *inneren Erlaubnis*. An dieser Stelle, nun sind Sie ja Profi, kürze ich sämtliche Erklärungen einfach mal ab und schildere Ihnen das Gegenmittel.

Zettel/Stift:

Ich darf mich abgrenzen.
Jedes Nein zu anderen ist ein Ja zu mir selbst.

Im Folgenden finden Sie eine Agenda mit unseren bisherigen Learnings, nach deren Lesen Sie sich bereits wieder ein ganzes Stück stärker und autonomer fühlen werden. Scheuen Sie sich nicht, sie regelmäßig anzusehen, sich laut vorzulesen und sogar auswendig zu lernen und vor dem Schlafen gehen aufzusagen:

Ich *will* mich abgrenzen (intrinsische Motivation).

Ich *darf* mich abgrenzen (innere Erlaubnis).

Ich *kann* mich erfolgreich abgrenzen (Selbstermächtigung!).

In unserer modernen Welt ist Abgrenzung nötig und natürlich (Reizüberflutung, Selbstschutz).

Wenn ich mich abgrenze, bewahre ich mir die Kapazität, gesund zu bleiben und Gutes zu tun, das ich mir selbst aussuche.

Um mich abzugrenzen, verfüge ich über zahlreiche *Mittel*: energetisch, körpersprachlich und rhetorisch.

Durch ein *Nein* habe ich nichts zu befürchten (Projektion damaliger Abhängigkeits-Booster-Gefühle aus der Herkunftsfamilie auf die Gegenwart).

Mein *Nein* ist alles andere als egoistisch, es kann sogar helfen, die Dinge für alle auf ein besseres Level zu bringen (Kettenreaktion).

Meine *Nein-Entscheidung* kann sich zunächst falsch anfühlen, wenn sie auf Ablehnung, Verurteilung und Aggression trifft, und ist deshalb umso richtiger.

Eine kurzfristig unangenehme Kurskorrektur (hohe Wellen, raue See) führt langfristig in tropische Gefilde (Nowana).

Alles noch mal verinnerlicht? Gut!

Denn jetzt brauchen Sie ein bisschen Rückenwind, um weiter voranzugehen, vielmehr ab jetzt zu klettern. Denn auch den Grat der *Nein-Autonomie* haben Sie hiermit erreicht. Und egal, was auf den letzten Metern noch kommt: Dass Sie sich bis hierher so intensiv mit sich selbst auseinandergesetzt haben, darauf können Sie mächtig stolz sein!

Der Nein-Kongress –
Ihr individuelles Nein-Profil

Nun darf der Wissenschaftler gänzlich übernehmen! Stellen Sie sich einmal vor, er ist nicht länger in Ihnen, sondern Sie *sind* er oder sie. Mit Ihren gesammelten Ergebnissen, das heißt Ihren persönlichen Erkenntnissen zu Leidensdruck, Knöpfen, Glaubenssätzen, Knebelgedanken, körperlichen Symptomen und *hidden needs*, sowie Ihrer frisch gestärkten Selbstwirksamkeit und jeder Menge Selbstliebe kehren Sie nach einer angemessenen Zahl von Feldversuchen mit Ihrem liebsten Probanden, also Ihrer Lieblingstestperson (Sie), zurück ins Labor. Auch hier darf der Selbstliebe-Großvater noch einmal vorbeischauen:

Aus-, nicht bewerten!

Da man unlängst auf Ihr bahnbrechendes Selbst-Experiment aufmerksam geworden ist, sind Sie damit als Hauptredner zu einem Kongress geladen!

Denn nachdem Sie nun das All-Nein-Mittel zur Heilung von Missständen in Ihrem Leben entdeckt haben, feiern Sie internationale Erfolge. Hochinteressiertes Publikum, Sie mittendrin! Die Welt der Leutchen blickt mit Neugier auf Ihre Forschungen.

Dafür müssen Sie natürlich nicht wirklich eine PowerPoint-Präsentation ausarbeiten, aber Sie dürfen offiziell noch einmal strukturiert rekapitulieren, was Sie – durch die Wegweiser der letzten Kapitel – auf Ihrem Weg nach oben mitgenommen haben. Und zwar ausschließlich individuell auf Sie und Ihr persönliches Nein-Profil bezogen. Sofern Ihnen das lieber ist, können Sie sich alternativ auch vorstellen, dass Sie ein Profiler sind oder James Bond, wenn er Dr. No jagt.

Egal, auf welchen Berufszweig Ihre Wahl fällt – als Ihr fleißiger Assistent habe ich Ihnen dazu eine kleine Hilfestellung vorbereitet.

Sie müssen nur noch eintragen (am besten auf einem separaten Blatt mit Zettel und Stift):

- Am meisten Leidensdruck spüre ich in folgenden Situationen, in denen ich mein *Nein* nicht zum Ausdruck bringen kann ...
- Das *Nein*, das ich bis heute am meisten bedauere, nicht geäußert zu haben, war ...
- Dieses Buch habe ich gekauft, weil ...
- Am Ende dieses Buches erhoffe ich mir, *Nein* sagen zu können, zu ... Auch dann, wenn ...
- Meine größte Angst beim *Neinsagen* ist, dass der andere folgende Reaktion zeigt ...
- Am wenigsten *Nein* sagen kann ich, wenn jemand mir das Gefühl gibt ...
- Wenn ich *Nein* sage, beschädige ich mein aktuelles Selbstbild, weil ich mich dann wie folgt fühle ...
- Beim *Neinsagen* erlebe ich folgende körperliche Symptome ...
- Diese versteckten inneren Bedürfnisse hindern mich manchmal daran *Nein* zu sagen ...
- Wenn ich mich trauen würde, würde ich mit Leichtigkeit *Nein* sagen zu ...
- Am schwersten fällt es mir, mich gegenüber folgender Person abzugrenzen ...
- Diese Glaubenssätze hindern mich am *Neinsagen* ...
- Diese Knebelgedanken denke ich häufig ...
- Besonders schwer *Nein* sagen kann ich, wenn jemand folgende Knöpfe bei mir drückt ...
- Meine Selbstwirksamkeit konnte ich in folgenden Situationen beobachten ...
- Am liebsten werde ich mein *Nein* zukünftig nutzen, um mein Leben in folgende Richtung zu lenken ...
- Mein *Nein* bewahrt mich in Zukunft vor allem davor ...
- In der strahlendsten Nein-Version meines Selbst bin ich zukünftig sogar mühelos in der Lage, *Nein* zu sagen, wenn ...

So, jetzt kennen Sie Ihre Pappenheimer!

Und ich verspreche Ihnen, allein mit Ihrem neuen Bewusstsein bezüglich aller Nein-Hindernisse, die so in Ihnen toben, können Sie gar nicht anders, als Ihr Verhalten automatisch zu ändern, denn alles auf der Welt strebt nach Ausgleich (vergleiche Physikunterricht). Mit anderen Worten: Sobald Ihnen der Unterschied zwischen dem, wie Sie sich verhalten, und dem, wie Sie sich verhalten möchten, nun differenziert bekannt ist, werden Sie und Ihre Psyche *gemeinschaftlich* danach streben, Angleichungen vorzunehmen – zwischen Ihrem Unterbewusstsein und Ihrem Bewusstsein. Denn alles andere würde nur wieder unnötig viel Energie verbrauchen ...

Riechen Sie auch schon die Schupfnudeln? Also, da vorne kann ich das Gipfelkreuz sehen. Kommen Sie mit in die Hütte, ich lade Sie auf einen Apfelkuchen ein! Nach der ganzen Anstrengung dürfen Sie sich nämlich entspannen und erst mal ins Tal sehen. Das kleine Neinmaleins haben Sie jetzt drauf! Und daher gibt es nun, auf diesem Sonnen-Plateau, jede Menge Hüttengaudi mit Lagerfeuergeschichten ...

Das große Neinmaleins

No-Storys und No-Gos
feat. heikle Neins

Zur Einführung in den praktischen Teil habe ich für Sie Beispiele gesammelt, die zeigen, was anderen Nein-mäßig widerfährt, welche Konsequenzen es haben kann, wenn wir unser Nein nicht ernst nehmen und für uns einsetzen, welches Spektrum das ganze Nein-Thema hat und wo Ihre Chancen liegen, Ihr Leben mittels *Nein* noch mehr zu Ihrem zu machen!

Die folgenden Geschichten werden Sie ermutigen, Ihre eigene Nein-Schwelle wieder heraufzusetzen, darlegen, dass Sie nicht allein sind, und Ihnen verdeutlichen, wie ein Nein, und sei es noch so klein, erheblich für unsere eigene Freiheit, Wertschätzung und unseren Schutz sorgen kann.

Es sind Begebenheiten, bei denen andere es gewagt oder unterlassen haben, ihrem inneren Nein zu folgen – so gesehen können Sie hier nun vorab aus der sicheren Beobachterperspektive bei *den Leutchen eines anderen* betrachten, wohin ein Nein oder Nicht-Nein führen kann – bevor Sie sich selbst ins Getümmel stürzen.

Dies ist vor allem in Vorbereitung auf alle heiklen Neins, die Ihren Weg kreuzen, wertvoll. Als da wären: Nein gegenüber Eltern (Wir haben dich großgezogen!), Nein gegenüber eigenen Kindern (Rabenmutter!), gegenüber fremden Kindern (kinderfeindlich!), Leuten, denen Sie im Hausflur begegnen (unhöflich, arrogant!), Vorgesetzten (unqualifiziert!) oder sonstigen Autoritäten, die es Ihnen besonders schwer machen können, sich ihnen entgegenzustellen. Nicht zu vergessen Spendensammlern, Tinder-Bekanntschaften, Tieren, Nachbarn, Operateuren, Paketboten, Singles, Freundinnen, penetranten Helfern, Ex-Partnern, Maklern, Patchwork-Fans und viele mehr.

Nichts ist so schlimm, wie Neinsagen sich gut anfühlt!

Wie Sie also auch in solchen Fällen – jene, bei denen unsere Nein-Kompetenz zusätzlich durch zum Beispiel gesellschaftliche Moralvorstellungen auf die Probe gestellt wird – unbeschadet und mit einem zuweilen sehr eleganten *Nein* dort herauskommen, und welche Gedanken, Gefühle und Redewendungen Sie brauchen, um sie souverän zu meistern und sich nicht auf Manipulationen einzulassen, damit starten wir jetzt!

Nein zu Spenden

Um Ihnen gleich das Entsetzen zu nehmen: Spenden ist gut, wichtig und richtig – und jeder, der irgendwas hat, kann und sollte was geben!

Was, wann, wie viel, wem und in welcher Form aber Sie was von sich geben, entscheiden Sie selbst!

Damit Sie wissen, was ich meine, darf ich Ihnen Ilka vorstellen. Ilka war Feuer und Flamme, als ich ihr von diesem Buchvorhaben erzählte, und bat mich gleich darum, mitmachen zu dürfen, damit ihre jüngste Nein-Erfahrung auch anderen zu etwas nütze sein könnte. Denn auch, wenn sie heute letztlich stolz auf ihr Nein ist, hat sie die Sache in unschöner Erinnerung …

Ilka war gerade in eine neue Wohnung gezogen. Das Leben hatte ihr in letzter Zeit nicht erfreulich mitgespielt. Sie war frisch geschieden, nun alleinerziehend und konnte ihren Job im Hotel-Schichtdienst mangels Kinderbetreuung nicht mehr ausüben. Damit ihr Sohn, der sich gerade in der fünften Klasse befand, nicht aufgrund der Trennung seiner Eltern auch noch die Schule wechseln musste, hatte Ilka es trotz Geldknappheit geschafft, eine kleine Miniwohnung im Schulsprengel zu ergattern, der insgesamt als wohlhabende Gegend gilt.

Als sie an diesem Tag mit Migräne und Existenzängsten kämpfte, klingelte es an der Tür ihres Mehrparteienhauses. Ilka, die fatalerweise gerade daran arbeitete, trotz ihrer Misere weiter *offenen Herzens* durch die Welt zu gehen, öffnete leichthin, zumal sie dachte, dass ein Paket für die neuen Nachbarn käme, mit denen sie sich gut stellen wollte (hidden need).

Stattdessen kam ein Sanitäter die Treppe herauf, der Ilka, so sagt sie rückblickend, sofort unsympathisch war – gleichzeitig aber leidtat, denn er sah selbst nicht gut aus. Ausgemergelt und verhärmt. Nichtsdestotrotz dachte Ilka noch immer spontan an etwas anderes als den wahren Grund seines Besuchs, vielleicht hatte sich vor ihrem neuen Haus ein Verkehrsunfall zugetragen und der Mann brauchte etwas von ihr?

Mit entsprechend hilfsbereiter Miene stand sie also fragend in der Tür und nahm auch sofort wahr, dass er ihr deutlich zu nahe kam – was sie spontan veranlasste, einen Schritt zurück in ihre Wohnung zu treten. Und ihn veranlasste, noch näher zu kommen.

Dann schlug er einen Ordner auf, in dem Ilka Bilder von Krankentransporten entgegensprangen, und spulte dazu einen Text ab, so mechanisch, dass es Ilka nun ein bisschen gruselig war. Währenddessen begriff sie, dass er für eine Spende warb, und beschloss, ihn seinen wenig engagierten, aber offenbar gut einstudierten und sehr langen Text ohne Unterbrechung vortragen zu lassen. Aus Höflichkeit, aber auch, um Zeit für ihre Reaktion zu gewinnen. Als er endete, war sie geneigt, aus Überrumpelung spontan eine Barspende zu leisten, doch der Sanitäter zog ein Lastschriftmandat hervor und warb damit, dass Sie *heute* keinen Dauerauftrag, sondern vorerst nur eine einmalige Einzugsermächtigung unterschreiben *müsse*.

Die arme Ilka, die zwangsweise schon ihr Auto abgeschafft hatte, fast nur noch Spaghetti aß und kaum wusste, wie sie die Bereitstellungsgebühr für das neue Internet finanzieren sollte, verstand, dass sie sich ab hier schützen musste.

Da Ilka an der Rezeption eines erstklassigen Hotels gearbeitet hatte und ich sie schon sehr lange kenne, können Sie mir glauben, dass sie dies voller Respekt, mit einem ehrlichen Lächeln, Augenkontakt und äußerster Eloquenz tat. Wörtlich sagte sie dem Sanitäter, *dass sie seine Arbeit sehr schätze, es ihr aber derzeit leider nicht möglich sei, sein Anliegen zu unterstützen.*

Der Sanitäter aber nahm ihre Reaktion kaum zur Kenntnis und hielt ihr stattdessen nun einen Kugelschreiber nah vors Gesicht. Inzwischen fragte auch noch Ilkas Sohn im Hintergrund, wann es endlich Mittagessen gäbe, und Ilka fühlte sich nun von zwei Seiten unter Druck gesetzt. Allerdings wollte sie nicht auf ihren Sohn reagieren, da ihr die Anwesenheit des Sanitäters an der Tür inzwischen so unangenehm war, dass sie diesem nicht auch noch eine Szene aus ihrem Privatleben zugestehen wollte.

Inzwischen hatte der Sanitäter registriert, dass Ilka keine leichte Kandidatin für eine Spende war, aber sie durch ihr zugewandtes Wesen als Abladestelle für seinen Frust identifiziert. Er griff Ilka nun offensiv an, dass sie *unter dieser Adresse wohl über ausreichend Geld verfügen würde.*

Perplex ging Ilka auf derselben Ebene auf seine Aussage ein. Sie sagte, dass er sich gerade finanziell den falschen Haushalt ausgesucht habe, was den Sanitäter nur zu Gelächter veranlasste. Und Ilka zu folgendem Satz ermutigte: *Ich muss Sie jetzt leider bitten zu gehen!*

Doch erst, als sie dies durch das langsame Schließen der Wohnungstür betonte, kam er ihrer Bitte nach. Allerdings nicht, ohne laut durch den Hausflur zu rufen, dass, *wenn sie einmal Krebs bekäme, hoffentlich auch niemand da wäre, um ihren letzten Wunsch zu finanzieren.*

Womit er nebenbei Ilkas größte Angst als alleinerziehende Mutter traf. Und das endlich machte sie sauer! Trotzdem rief sie ihm ihrerseits sachlich hinterher, dass sie *seinen Frust zwar verstünde, er dennoch den freien Willen anderer Menschen respektieren müsse.*

Nachdem mir Ilka die Geschichte erzählt hatte, und zwar stolz auf sich war, dass sie ihm letztlich nicht gegeben hatte, was der Mann von ihr wollte, aber sie dennoch viel Energie gekostet hatte, machte ich Sie mit dem Nein-Kongress vertraut und bat sie, Ihr Erlebnis vor diesem Hintergrund noch einmal zu reflektieren. Hier ist ihr Ergebnis, mit dem Sie die Sache letztlich abschließen konnte:

»Ich habe vor allem aus meiner Berufserfahrung im Hotelgewerbe heraus gehandelt. Wie bei einem cholerischen Hotelgast bin ich sofort in den Modus übergegangen, wie ich ihn deeskalieren – und doch noch zufriedenstellen könnte. Indem ich Verständnis zeige, seine Sicht der Dinge wertschätze und ihm ein Nein entgegenbringe, ohne es auszusprechen. Das war in dieser Situation unangemessen, denn der Sanitäter war nicht mein Gast, sondern ist ungefragt in meine Privatsphäre – also meinen Kreidekreis – eingedrungen, um mich zu etwas zu nötigen, was ich nicht geben wollte und konnte. Mein Mund wurde dabei ganz trocken und meine Stimme versagte. Wie damals, wenn mein Vater bei meinen Mathehausaufgaben vor sich hin fluchte und ich das Gefühl hatte, mich noch mehr anstrengen zu müssen, um ihn zu besänftigen. Was mich aber am meisten beim Abblocken der gesamten Situation gehindert hat, war, dass ich mental nicht darauf vorbereitet war. Es war ja nicht einmal kurz vor Weihnachten, wo mit verstärkten Anfragen an der Haustür zu rechnen ist! In Zukunft werde ich meine Macht im besten Sinne nutzen, das heißt immer erst die Gegensprechanlage bemühen und gezielt fragen, wer die Person vor der Tür ist und was sie möchte, bevor ich den Zutritt ins Haus gestatte oder verwehre. Ich spende ohnehin regelmäßig einen kleinen Betrag an eine Organisation meines Vertrauens, der im Verhältnis zu meinem Einkommen steht.

Was das Neinsagen angeht, hat mich die Sache folgendermaßen gefestigt:

- Ich trage keine Verantwortung für die Erfahrungen, die jemand macht, wenn er sich entschließt, Fremde an der Tür um Spenden zu bitten!

- Auch wenn sich jemand für eine gute Sache einsetzt, gibt es diesem nicht das Recht, mir Angst zu machen, mich zu beleidigen oder zu nötigen!

- Mein Zuhause stellt eine für jedermann sichtbare klare Grenze dar, in der ich mich und meinen Sohn rigoros vor allem schützen darf, das ich nicht dorthin eingeladen habe und nicht haben will!

- Letztlich bin ich dankbar für diese Situation, die mir das nötige Selbstbewusstsein verliehen hat, mich in Zukunft vor vornherein vor solchen und vielleicht noch unangenehmeren Momenten zu schützen.«

Nein zu Kindern (eigene und fremde)

Erinnern Sie sich an Mareike? Hier kommen zwei weitere Geschichten aus unserem Mütter-Kosmos ...

Inzwischen war Lex älter geworden und Mareike stets bemüht, die Bedürfnisse ihres fünfjährigen Sohnes zu erfüllen. Wir hatten Wort gehalten und besuchten uns nun zweimal im Jahr gegenseitig. Mareike, deren Mann noch immer viel unterwegs war, gab ihr Bestes, um Lex im Alltag den Papa zu ersetzen, und verbrachte, entgegen ihrer eigenen zarten und sensiblen Natur, viel Zeit damit zu toben, zu kämpfen und auch mal einen sehr steilen Schlittenhang hinunterzurasen.

Nachdem wir beim letzten Treffen mit den Kindern zusammen einen Ausflug zur Kirmes unternahmen, zeigte sich dies auch auf dem Rummel, wo Mareike mit Lex die Schießbude unsicher machte, sich in die Geisterbahn zwang und die *wilde Raupe* mehrfach rückwärtsfuhr, wonach sie sich übergeben musste. Kurz, alles, was wild und gefährlich war, bot sie Lex an, mit ihr zusammen zu erleben.

Immer öfter allerdings wurde sie neuerdings wütend, ungehalten und ungeduldig – auf einmal brachen sich ihre eigenen Aggressionen Bahn. Ihre Ehe verschlechterte sich ebenfalls dramatisch, denn wenn ihr Mann da war, nahm sie nahezu alles als Aufhänger, um ihm Vorwürfe zu machen, sodass er sich nur noch als Störenfried fühlte. Die Sache endete in einer handfesten Ehekrise, als wiederum er sich darauf verlagerte, mit Lex etwas Ruhiges zu machen – ein Buch zu lesen, einen Film anzusehen, ein Brettspiel zu spielen oder einfach mit ihm zu kuscheln. Mareike war außer sich!

Als sie wieder allein waren und Lex seine Mutter darum bat, auf dem Balkon Dosenwerfen spielen zu dürfen, erklärte ihm Mareike zunächst lang und breit, dass man sich an den scharfen Rändern der Erbsen-Möhren-Mais-Behälter schneiden könne. Doch nachdem sie für ihn eine Reihe von Dosen gesammelt hatte und spülte, war sie selbst es, die sich dabei so tief in die Handfläche schnitt, dass es genäht werden musste. Mitten in der Notaufnahme, nach einem dreistündigen Warte-Marathon am Samstag mit Kind, schrie sie Lex schließlich an, dass sie nicht alles allein machen könne und er halt jetzt der Mann im Haus sein müsse, wenn sein Vater so oft weg sei!

Aus der liebevollen Mutter Mareike war eine Frau geworden, die zwar alle Wünsche ihres Kindes erfüllte, aber keinerlei Beziehung mehr zu ihm hatte – oder sich selbst.

Nach diesem Desaster ging sie die Sache mittels Nein-Kongress an:

»Als Erstes habe ich mit meinem Mann gesprochen – der aus allen Wolken fiel. Fairerweise hatte er natürlich gar keine Ahnung, was hinter meinem Verhalten steckte, nämlich dass ich stillschweigend seine Papa-Qualitäten an mich gerissen hatte. Mit denen ich eigentlich überfordert war und die mir den Platz nahmen, meine Mutter-Qualitäten zu leben. Mein Vater war selbst oft weg gewesen, also habe ich das bei Carsten nie infrage gestellt, es war ja für mich als Kind auch normal gewesen! Nur hatte ich bislang keine

Ahnung, wie sich das aus der Perspektive der Mutter und Ehefrau anfühlt, in der ich jetzt bin. Am meisten wehgetan aber hat mir, wie ich mich Lex gegenüber verhalten habe, nicht nur am Tag in der Notaufnahme. Im Grunde genommen hatte er über Wochen keinen Papa *und* keine Mama, da ich für die Rolle des »Kriegers« ja gar nicht geeignet bin. Trotzdem konnte ich erst etwas ändern, als meine Wut mich meine eigenen Grenzen endlich erkennen ließ, die ich so lange verleugnet hatte. Von Carsten kann und will ich nicht verlangen, seine berufliche Situation zu ändern, allerdings hat er verstanden, dass Abwesenheit unter der Woche kein Dauermodell für uns als Familie ist. Er denkt über eine Veränderung nach, sobald Lex in die Schule kommt, und macht sich Gedanken, in welcher Form er dann für ihn da sein möchte. Letzten Endes habe ich mich sehr mit dem Mädchen in mir auseinandergesetzt – das eine schlechte Beziehung zu seiner Mutter hatte und seinen Papa daher immer besonders vermisst hat. Seit ich mir diesen alten Schmerz eingestanden und noch einmal angesehen habe, kann ich mich selbst in der Gegenwart davon abgrenzen und wieder auf meine Mama-Skills fokussieren. Als Kind hatte ich auch immer schlimme Angst im Dunkeln, weswegen zum Beispiel die Geisterbahn mich wohl unbewusst besonders wütend gemacht hat. Weil Carsten nicht da war, so empfand ich es, musste ich nun (vermeintlich) Dinge kompensieren, die ich aufgrund meiner eigenen Kindheitsängste meiden würde. So befand ich mich in einem riesigen Konflikt aus Selbstschutz und Mutterliebe!

Natürlich können Männer auch Kuchen backen und Frauen einen Reifen wechseln – insgesamt aber funktioniert bei uns alles besser, wenn jeder ganz grob bei seinen Rollen bleibt. Weil wir Lex so als Eltern intuitiv die Dinge geben, die unseren Stärken entsprechen. Und das merkt er! Wir haben auch mit ihm – kindgerecht – über alles gesprochen, weil er Schuldgefühle durch meinen Dosenschnitt hatte. Er hatte sogar umgekehrt das Gefühl, er müsse *mir* den Papa ersetzen, damit ich mich nicht so allein fühle. Schrecklich! Jetzt fühlt sich alles wieder stimmig an!

Meine größten Nein-Erkenntnisse aus der Sache (auch wenn es zunächst paradox klingt), sind:

- Je öfter ich im Alltag meinem Sohn gegenüber *Nein* sage zu Dingen, die mir nicht liegen, desto mehr Kapazität habe ich letztlich, die beste Mutter zu sein, die ich sein kann.
- Ich habe gelernt, meine eigenen Verlassenheitsgefühle und Papa-Sehnsüchte nicht mehr auf Lex zu projizieren und die Verantwortung für »Männlichkeitsbespaßung« bei Carsten zu lassen, womit ich auch seine Grenzen und seinen gemeinsamen Kreidekreis mit Lex nicht mehr überschreite.
- Ich mute Lex zu, so aufzuwachsen, wie es eben bei uns ist. Er ist nicht ich und wir haben eine ganz andere Beziehung zueinander als meine Mutter und ich, somit empfindet er die Abwesenheit seines Vaters unter der Woche möglicherweise gar nicht als Mangel, zumal ich ihm dies nicht mehr durch mein Verhalten suggeriere.«

Zum nächsten Schwank sage ich: »Das Nein wächst mit seinen Aufgaben.« Ansonsten hoffe ich, Sie haben es am Lagerfeuer warm und gemütlich? Da vorne kommt schon der Apfelkuchen …

Die Sumseeule war inzwischen ein Schulkind.

Gesellschaftlich hatte sich unsere Lage deutlich gebessert, regelmäßig flatterten uns endlich Einladungen und Gegeneinladungen ins Haus, was auch der Vielzahl kindlicher und neumodischer Anlässe geschuldet war (Geburtstag, Fasching, Halloween), auf deren Zelebration die Kinder schon von sich aus bestanden. Die Zeiten des Kampfstillens, einarmigen Kochens und der halb aufmerksamen Telefonate, die ganze Ära der Halbsätze mit anderen Menschen, alles das war vorbei! Stattdessen verfügte die Sumseeule über ein ansehnliches Netzwerk aus Artgenossen, die alt genug und willens waren, sich auch mal über einen längeren Zeitraum hinweg (Nachmittag) selbst zu bespaßen. Auch bekannt als: Verabredung, neudeutsch *Playdate*. Woran ich als Einzelkind-Mutter besonders interessiert war *(hidden needs!)*, da mir das anhaltende Wehklagen des Kindes über die Abwesenheit von Haustieren, Geschwistern und Geschwistern mit Haustieren an die Substanz ging (Schuldgefühle!). So stimmte ich immer öfter und wahlloser zu, gleichaltrige Gleichgesinnte einzuladen. Denn wie schlimm konnte es werden, wenn ich nicht mehr die dazugehörige Mutter mit einladen, unterhalten und durchfüttern musste, obgleich ich selbst am Ende war? Das alles ließ ich nun gekonnt hinter mir, denn in der neuen Altersgruppe der Achtjährigen war alles anders!

Ich sah es ganz deutlich vor mir: Das Kind und sein Besuch verziehen sich gleich nach der angestrebten Schnell-Übergabe beider Mütter-Parteien konspirativ flüsternd ins Kinderzimmer und schließen die Tür. Nachdem die Sumseeule das Besucherkind zu den lokalen Gegebenheiten instruiert hat (Klo), verziehe ich mich ebenso wichtigtuerisch in mein Homeoffice (Freiheit!), wo ich, entgegen bisheriger Gewohnheiten, an einem Nachmittag mit einem heißen Kaffee zum Sitzen komme. Ab und zu, etwa immer zur vollen Stunde, stecke ich nach vorsichtigem Klopfen meinen Kopf ins Kinderzimmer und frage, ob Dienstleistungen benötigt werden (Hunger? Durst? Druckverband?). Nachdem die Kinder, ins Spiel versunken, mich dabei nicht einmal bemerken, stelle ich gegen Mitte der Verabredung ungefragt ein Tablett mit Getränken, inklusive zweier Papier-Strohhalme, und duftender Waffeln ins Kinderzimmer, die freudig inhaliert werden. Gegen 18 Uhr steht die andere Mutter wieder pünktlich vor der Tür. Abgehetzt, aber dankbar, dass sie die Wocheneinkäufe kindlos erledigen konnte, strahlt sie mich an und wir beteuern, wie schön doch auch unsere Freundschaft sei!

Doch die Realität straft mich einmal mehr als hoffnungslose Fantastin ab …

Das *Nöl-Ei* bestach bereits beim Betreten unserer Räumlichkeiten durch eine herablassende Abgeklärtheit und Inspektionsarroganz, die ich keinem Hoteltester zutraue. Ungeachtet meiner herzlichen Begrüßung ignorierte es mich, beachtete auch die Sumseeule nur knapp und inspizierte zunächst unseren Grundriss, inklusive meines Schlafzimmers. Was sie darüber dachte, war schwer auszumachen, in jedem Fall steht ihr eine professionelle Karriere im Poker offen. Dann folgten die – gefühlt – längsten drei Stunden meines, unseres Lebens, die ich liebend gerne noch einmal gegen die 17-stündige Geburt der Sumseeule getauscht hätte, die in einem katholischen Krankenhaus stattgefunden hatte, das keine Betäubungsmittel zuließ, was ich bei meiner Freude über den noch freien Termin seinerzeit glatt übersehen hatte.

Es bleibt zu vermuten, dass diese Zeit für das Nöl-Ei innerlich ähnlich qualvoll verlief, wenngleich es zu meinem Erstaunen das Angebot einer vorzeitigen Abholung, das ich zwischendurch aussprach, entschieden verneinte. So wurde ich in den folgenden Stunden stumme Zeugin dessen, wie sich die Sumseeule mit allem, was sie an kindlicher Liebe, Gastfreundschaft und Begeisterung aufbringen konnte, derart am Nöl-Ei abarbeitete, wie man es sicher nicht mal im Schloss Bellevue für hohe Staatsgäste tat, um den dritten Weltkrieg zu verhindern.

Von Seifenblasenpusten auf dem Balkon über Knete, Verkleiden, Mikado, Verstecken, Fangenspielen, Höhlenbau und Malen, bot die Sumseeule ihrem Gast alles an, was die Kindheit hergibt. In für ihr Alter nicht zu überbietender Gastgebermanier überließ sie dem Nöl-Ei schließlich ihr schönstes Kleid, ihre beste Puppe und ihr liebstes Kuscheltier – vergebens. Das Nöl-Ei saß mit eiserner, konstant gelangweilter Miene herum und es kostete mich schlichtweg alles an Selbstdisziplin, um nicht einzugreifen, damit beide ihre Erfahrungen miteinander machen konnten. Ohnehin hätte ich nicht gewusst, was ich tun sollte, denn schließlich ging die Sumseeule, in formvollendeter Sozialkompetenz, bald von selbst zu offenen Fragen über, wie: »Was macht dir denn Spaß? Was möchtest du spielen? Wozu hast du Lust? Möchtest du einen Vorschlag machen?!«

Doch das Nöl-Ei entgegnete nur kühl:»Habt ihr keinen Flügel?« Und als die Sumseeule mich fragend ansah und ich das Nichtvorhandensein eines *Klaviers* bedauerte, fuhr es seufzend fort:»Schade, sonst könnte ich eine Sonate spielen.«

Als die Sumseeule dennoch nicht aufgab und voller Herzblut mit einem»Ich weiß was, was dir Freude macht!«ihr heiliges Bodenpuzzle auspackte, das Nöl-Ei jedoch nur herablassend stehen blieb und auf die Sumseeule herunterblickte, brach es mir das Herz – und ich wurde stinksauer! Aber was war ich bloß für ein schrecklicher Mensch, der Wut auf ein wehrloses Kind bekam, das sich in seiner Obhut befand (Knebelgedanke!)?

So nahm ich zur Ablenkung ein Telefonat an, bei dem das Nöl-Ei plötzlich vor mir in meinem Arbeitszimmer stand, den Finger an die Lippen legte und mich aufforderte, doch bitte leiser zu sprechen.

Verlegen ignorierte ich es zunächst, aber das Nöl-Ei besaß eine so penetrante Aura, dass ich das Gespräch beendete und mich schon mal aufs Kochen fürs Abendessen verlegte. Wobei mir das Nöl-Ei nicht mehr von der Seite wich und ich mich genötigt fühlte, Konversation zu machen. Bei der Gelegenheit befragte ich es neugierig, was es denn in seinem Zuhause so täte.

Bereitwillig gab das Nöl-Ei an, ausschließlich mit seinem großen Bruder Erwachsenenfilme anzusehen und dabei Chips und Cola zu konsumieren. Was seine Eltern angeblich tolerierten, es selber aber nicht einmal gut fand. Dann endlich klingelte es.

Mehr als zu Recht, wie ich *eigentlich* (wahres Ich!) fand, war die Sumseeule inzwischen auch an ihre Grenzen gekommen und weigerte sich final enttäuscht, sich vom Nöl-Ei zu verabschieden, mit dem es nach eigenen Angaben auf dem Pausenhof schon mehrere Male durchaus schön gespielt hatte.

Dies brachte mich (gesellschaftlicher Druck!) dazu, von der Sumseeule mit ungewohnter Härte einen Anstandsabschied zu fordern und die Nöl-Ei-Mutter nicht bloßzustellen (Angst!), indem ich lächelte und diplomatisch verriet, es hätte sich einfach nicht das richtige Spiel für beide gefunden (überhöhtes Verantwortungsgefühl!).

Als das Nöl-Ei von uns gegangen war, ließen die Sumseeule und ich uns ermattet, deprimiert und resigniert auf den Fußboden gleiten und alles wurde noch schlimmer, als ich meinen Frust nun an der Sumseeule ausließ und herumschimpfte, dass nun Schluss sei mit dem ganzen Einladen von Kindern und sie gefälligst erst mal eine Zeit lang zu anderen Leuten gehen solle. Dann heulten wir beide.

Durch den Nein-Kongress aufbereitet, sahen meine Nein-Learnings so aus:

- Ich werde meinem Kind zukünftig immer Rückendeckung geben, wenn es seine wahren und angemessenen Gefühle (Abschied) zum Ausdruck bringt, und es zu nichts mehr zwingen, nur weil ich Angst habe, meine eigenen wahren Gefühle (Frust) zu zeigen!
- Ich darf Verabredungen mit anderen Kindern ablehnen, wenn diese für mich eine Belastung darstellen.
- Ich darf meinem Kind zumuten, ohne Geschwister und Haustiere aufzuwachsen, und sich auch allein zu beschäftigen, wenn meine persönlichen Lebensumstände dies erfordern. Mutterwohl ist Kindeswohl!

Nein auf Tinder, eBay und Co.

Sina war schon einige Jahre Single und sehnte sich nicht gerade nach einem Partner, im Gegenteil: Mit 44 Jahren besaß sie endlich die Freiheit, nicht mehr zu suchen, zu warten oder zu wollen. Aber die Leutchen in ihr drinnen ließen ihr keine Ruhe.

»Du kannst doch nicht immer allein sein«, sagten sie. »Alle haben einen Partner!« Oder: »Wer versorgt dich, wenn du mal krank bist?« Oder: »Du solltest dich anderen Menschen mehr öffnen.« Und: »Das Leben ist viel schöner zu zweit!«

Also meldete sich Sina – in einer einmaligen Großoffensive –

auf Parship und Tinder an. Tatsächlich gab es in ihrem Freundes-
kreis einige glückliche Paare, die sich online gefunden hatten, also
gab sie der Sache eine Chance. *Eigentlich* aber hatte sie gar keinen
Bedarf.

Lieber wollte sie sich zu diesem Zeitpunkt ihres Lebens auf
Dinge konzentrieren, die bislang zu kurz gekommen waren: Ver-
mögensaufbau, Sport, Ernährung, die Renovierung ihrer Wohnung und die Anschaffung zweier Katzen aus dem Tierheim.

Stattdessen saß Sina bald tage- und nächtelang vorm Rechner,
denn obwohl sie die Sache emotional locker betrieb, fühlte sie sich
jeder Anfrage, jedem Kompliment und jeder Einladung zumindest
insofern verpflichtet, als dass sie antwortete. Und zwar so, dass für
den anderen auch erkennbar war, dass sie sich wirklich mit seinem
Profil befasst hatte.

»Diese Flut an Bildern – das sind doch alles lebendige Menschen!«, rief sie mir, über ihr Handy gebeugt, kurzatmig zu und
klang bereits nach den ersten Anfragen, Boosts, Likes und Swipes
urlaubsreif.

Bald fanden sich einige Herren der Schöpfung, die Sina gerne kennenlernen wollten. Aber während Sina – wenn schon, denn
schon – auf der Suche nach einer monogamen Partnerschaft für
den Rest ihres Lebens war, tummelten sich auf den Plattformen
alle Arten von Gesuchen. Von schnellem Fesselsex über Metro-
und Transsexualität bis hin zu Männern, die eine offene Beziehung
lebten, eine heimliche Geliebte, Handwerkerin für ihr Boot oder
Leihmutter suchten, war alles dabei. Den Begriff »Sapiosexualität«
jagten wir vorsichtshalber (wir schauten gerade *Das Traumschiff*)
zusammen durch die Suchmaschine und waren erleichtert, dass es
sich – frei übersetzt – ganz harmlos um »Geist ist geil« handelt,
also Erotik durch Intellekt. Irgendwann war Sina so in der Sache
gefangen, dass sie mich verstört fragte, was für eine Gesinnung
nun wieder »heterosexuell« sei. Und als es eine Weile dauerte, bis
wir uns erinnerten, mussten wir beide lachen. Danach hörte ich
nicht mehr viel von Sina und fürchtete schon, dass ihr bei einem

Date etwas passiert war. Als sie sich zwei Monate später wieder bei mir meldete, wirkte die rothaarige Powerfrau erschöpft, depressiv und hatte sämtliche Lebenspläne eingebüßt. Mit nüchternem Blick erzählte sie mir, dass sie rund 600 Euro für die Partnersuche ausgegeben hatte statt für neue Polsterbezüge, Farben und Katzenfutter. Und als Gegenleistung hauptsächlich erhalten hatte, dass sie geghostet, gelöscht, beschimpft oder sonst wie abgelehnt worden war, wenn sie einer sportlichen Anforderung, einer Körbchengröße, Haarfarbe, sexuellen Gesinnung oder gewünschten Antwortgeschwindigkeit nicht entsprach. War sie nicht auf Anhieb sicher, ob sie Dalmatiner, Windsurfen und Teenager im Wechselmodell mochte, wurde sie gnadenlos aussortiert. Ließ sie sich nicht kurzfristig auf ein Candle-Light-Dinner in der Wohnung eines Fremden 100 Kilometer entfernt ein, wurden die Herren zuweilen beleidigend und aggressiv.

Die einst selbstbewusste, lebensfrohe Sina, die sich zwar nicht aus voller Überzeugung, aber doch mit Optimismus, Hoffnung, Freundlichkeit, privaten Bildern und einigen aufrichtigen Sätzen zu ihrem Gemütszustand ins Internet geworfen hatte, fühlte sich schutzlos, unsicher, schlecht und minderwertig. Ihre Weiblichkeit versteckte sie nun unter einem grauen Pulli und unser Lieblingsrestaurant mussten wir meiden, weil sie inzwischen wusste, dass der dortige Koch seine Frau zu betrügen versuchte. Fürs reale Leben war Sina kaum noch zu motivieren, so negativ erschien ihr die Welt da draußen neuerdings.

Das Schlimmste aber war, fand sie, dass das Verhalten der anderen Internetdater auf sie abgefärbt hatte und sie selbst sich »Neulingen« gegenüber auf den Plattformen inzwischen ebenso gnadenlos verhielt.

Am Ende ihrer Mitgliedsmonate hatte es inmitten der digitalen Flut aus Profilen, Erwartungen, Wünschen, Anforderungen, Neurosen und Sehnsüchten dennoch drei vielversprechende Matches gegeben: Ingo, Unternehmer Anfang 50, Jeff crazy musician from Canada, 46, und Mert, 33, aus Berlin, der sich später als

Johannes, 35, aus Dresden entpuppte und über den sie immerhin wusste, dass er eine Frau sucht, mit der er gern Zeit verbringen möchte, alles kann und nichts muss und er neugierig auf alles war, was noch kommt. Oder auch nicht.

»Ich bin mir nicht sicher, ob er sich geheimnisvoll gibt oder schlichtweg keine Ahnung von sich selbst hat«, sinnierte Sina über ihn.

Alle drei potenziellen Partner schienen ganzer Sätze mächtig, hatten keine Motorräder, Landschaftsbilder, Kinder aus erster Ehe oder entblößte Körperteile von sich fotografiert, und trotz sorgsamen Lesens fand Sina keine Must-haves wie *Du solltest tätowiert sein und die Pille nehmen.*

Johannes musste sie dennoch kurzfristig löschen, weil er ihr immer beim Fahren auf der Autobahn schrieb – wie er ihr schrieb. Ein absolutes No-Go für Sina, deren Schwester bei einem Verkehrsunfall verstorben war. Kurz überlegte sie, ihm dies offen mitzuteilen, aber die Vorstellung, dass Johannes ausgerechnet beim Lesen ihrer letzten Zeilen gegen einen Baum fuhr, hielt sie davon ab. Blieben Ingo und Jeff, die Sina allerdings beide ihre Kontaktdaten gaben, um sich auf diversen privaten Kanälen mit ihr zu verbinden, was Sina nicht wollte. Sie bedankte sich bei Jeff für sein Vertrauen (um ihm bewusst zu machen, dass er seine Identität preisgab) und schrieb Ingo, dass sie – gegebenenfalls – sehr gerne nach einem ersten Date von seiner Handynummer Gebrauch machen würde.

»Es macht doch keinen Unterschied, ob ich auf Tinder schreibe *Morgen 15 Uhr Café Corner* oder auf WhatsApp«, erklärte sie mir.

Mit Ingo handelte sie schließlich aus, dass es *nichts gegen ihn sei, sie sich dennoch dabei wohler fühle,* ihn vorab mit unterdrückter Nummer anzurufen. Das Gespräch war kurzweilig, aber endlos lang, und am Ende wusste Sina alles über Ingos beeindruckende berufliche Laufbahn, aber nichts über ihn als Person.

Da sie ihren eigenen Job als Grafikerin über die ganze Sache hatte schleifen lassen und die Deadline eines Kunden bevorstand, hatte Ingo ihr Match nach 36 Stunden, in denen Sina einmal nicht eingeloggt war, kurzerhand gekränkt aufgelöst und Jeff ihr eine Nachricht geschickt, in der er vorwurfsvoll anmerkte, dass sie sich nun bereits seit neun Tagen nur schrieben!

»Die brauchte ich auch – um auszuloten, ob ein Treffen überhaupt Sinn macht!«, verteidigte Sina mir gegenüber ihren Standpunkt.

Da sie sich dennoch unter Druck gesetzt fühlte, organisierte sie ihre nächsten Arbeitstage um und schlug Jeff vor, sich zu treffen. Um beruflich trotzdem noch halbwegs voranzukommen, teilte sie ihm mit, dass sie immer ab 14 Uhr könne. Jeff schlug ihr daraufhin vor, sich morgen oder übermorgen um elf Uhr zu treffen. Sina behagte die Sache nicht.

»Wenn er schon jetzt meine Zeit nicht respektiert, wo soll das hinführen?«

Damit trotzdem auch ihre Neugier endlich Frieden fand und Jeff sich schnellstmöglich als *Top* oder *Flop* entpuppen konnte, gab sie schließlich nach. Doch auch um zwölf Uhr kam Jeff einfach nicht.

Und dann passierte es doch noch: Sina verliebte sich auf den ersten Blick unsterblich in Optik und Beschreibung eines Kerles ganz in ihrer Nähe. Um ihn anschreiben zu können, musste sie allerdings in den sauren Apfel beißen und ihr zu diesem Tag sorgsam gekündigtes Abo für weitere drei Monate und 200 Euro verlängern. Nach fünf Tagen des vergeblichen Wartens auf Antwort fuhr sie nach getaner Arbeit endlich ins Tierheim.

Als wir im Sommer darauf bei einem schönen Cocktail in ihrer zauberhaft renovierten Wohnung zusammensaßen und ich ihr vom Nein-Kongress erzählte, rekapitulierte sie ihre Erfahrungen noch einmal:

- Letztendlich war die negativste Erfahrung beim Onlinedating die mit mir selbst – als ich meine Grenzen verraten habe! Das Treffen und das Endlos-Telefonat in meiner Arbeitszeit und die Verlängerung meines Abos waren Jas zu Fremden und Neins zu mir, die nicht mit meiner heutigen Selbstliebe einhergehen.

- Ich habe festgestellt, dass die Leutchen in mir vor allem meine Eltern sind, die noch aus der Ära »Versorgerehe« stammen. So konnte ich ihre Fremdängste, vor allem die meiner Mutter, *es alleine nicht zu schaffen im Leben,* identifizieren und klar von meinem eigenen Bedürfnis, mich eine Zeit lang alleine zu entwickeln, trennen.
- Vielleicht würde ich Onlinepartnersuche wieder machen, aber mir zuvor *eine Liste aufhängen, mit persönlichen Regeln, um mein Nein jederzeit parat* zu haben. Das schließt unpassende Menschen von vornherein noch besser aus!
- Auf der Liste stünde also zum Beispiel, dass ich maximal 15 Minuten mit einem Fremden telefoniere. Daher würde ich diesen klaren Zeitrahmen auch vorab kommunizieren, ohne Begründung! Sollte es mir dennoch passieren, dass ich mein Nein zu mehr Zeit während des Gesprächs trotzdem nicht durchsetzen kann, habe ich eine *Lösung in der Hinterhand,* wie etwa hörbar bei mir selbst zu klingeln, sodass ich auflegen kann. Für ein richtiges Treffen würde ich dem anderen zwei verschiedene Terminvorschläge machen. Geht er dabei gar nicht auf mich zu, so wie Jeff, würde ich direkt absagen. Ohne schlechtes Gewissen!
- Insgesamt würde ich kein Geld mehr bezahlen, um Menschen kennenzulernen. Ich bin doch selbst wertvoll genug!
- Da ich auch ansonsten ein analoger Mensch ohne Instagram und Co. bin, sind Treffen in freier Wildbahn der stimmigere Weg in eine Partnerschaft für mich. Ich muss die Art eines Menschen *fühlen,* so wie ich den Stoff *spüren* muss, um eine Hose zu kaufen.
- Lange war ich traurig, dass ich meine Ideen über eine Sehnsucht, die ich selbst gar nicht hatte, so vernachlässigt habe! Es hat eine ganze Weile gedauert, bis ich mich nach den Kontakten wieder so richtig als »Ich« gefühlt habe.
- Wenn jemand mich heute verkuppeln will, weiß ich, dass er nur seine eigenen Ängste vor dem Alleinsein auf mich projiziert,

und *spreche ihn direkt darauf an, bedanke mich für seine Fürsorge und stelle klar, dass ich dies übergriffig finde.*

• Heute ist meine Angst, nicht das zu leben, was alles in mir steckt, viel größer als die, keinen Partner zu haben! Ich weiß nicht, was mein Lebensweg noch für mich bereithält, aber im Zweifel stehe ich hundertprozentig zu dieser Priorität, die ich jeden Tag neu setze, und fühle mich damit glücklich, frei und mit mir selbst verbunden.

Nein zu Eltern

Im Gegensatz zu Sina hatte die Hamburgerin Katja ihren Traummann tatsächlich online gefunden.

Es war geradezu absurd einfach gewesen: Nachdem Katja ihren guten Vorsatz der Verpaarung noch am Silvesterabend umgesetzt und sich auf einer kostenlosen Plattform hochgeladen hatte, hatte sie im Suchprofil frohen Mutes die Postleitzahl ihres Kindheitsferienortes (Norderney) eingegeben, dass er zwischen 35 und 38 Jahre alt und ab 1,85 Meter groß sein sollte, ihren Bildungsgrad (Abitur) besitzen und gerne surfen durfte.

Erschienen war Frederik, Schwiegermuttertraum und HNO-Arzt. Es war Liebe auf den ersten Blick!

Ein Jahr später war Wunschkind Tristan unterwegs und Katjas Ehering schmiegte sich noch kurz vor seiner Geburt um ihre geschwollenen Finger. Zusammengezogen waren Frederik und sie auch erst auf den letzten Drücker, denn Katja musste erst ihr ganzes Single-Leben in der nordischen Hauptstadt auflösen. Inklusive Kündigung ihrer Wohnung, ihres Jobs und Fitnessstudiovertrags, Verkauf ihrer Reitbeteiligung und Verabschiedung ihrer Freunde. Aber wenn Katja etwas tat, dann tat sie es ganz oder gar nicht! Was ihr im Berufsleben schon viel Erfolg beschert hatte. Warum also nicht auch hier? Doch unmittelbar nach Tristans Geburt begannen die Probleme – die Vaterschaft bekam Frederik nicht.

Er mutierte wieder zum Teenager, stahl sich aus jeder Verantwortung, belog und betrog Katja und hielt auch im Zusammenleben einige Überraschungen für sie parat (wie zum Beispiel, dass er sich nach dem Toilettengang grundsätzlich nie die Hände wusch). Wenn er zu Hause war, saß er meist mit einer Schüssel Cornflakes vor dem Fernseher, in dem Autosendungen oder Zeichentrickfilme liefen.

Als er eines Tages eine Patientin über Nacht mit nach Hause brachte und Katja und das Baby von den lustvollen Geräuschen im Wohnzimmer erwachten, war Katja klar, dass sie da rausmusste! Sofort, und nun auch hier mit aller Konsequenz, setzte sie ihr Vorhaben um und war zwei Jahre später glücklich geschieden zurück in Eppendorf auf dem Spielplatz.

Trotz noch einiger Turbulenzen war auch Frederik letztlich heilfroh gewesen, dass Katja ihn von dem erlöste, was doch nichts für ihn war – die emotionale und verbindliche Beziehung zu anderen Menschen. Jedenfalls hatte Frederik sich nicht gegen die Scheidung gewehrt.

Unterm Strich war es eine Erfahrung gewesen, die Katja sich – und Tristan – gerne erspart hätte, denn auch sie hatte natürlich ordentlich Federn gelassen. Andererseits sah sie sich und ihre unkritische Impulsivität als mitverantwortlich für den Hergang der Dinge an und wusste, sie würde nie wieder so entscheiden.

»Ich wollte eben eine Familie gründen, es hätte auch klappen können«, war nahezu alles, was sie noch gelegentlich dazu sagte. Nicht so jedoch Katjas Eltern.

Sie litten massiv unter der Trennung von Frederik. Hatte Katja bis dato ein gutes Verhältnis zu ihnen gehabt, wurde dies empfindlich beschädigt, seit sie endlich die ersehnte Scheidungsurkunde in der Hand hielt.

So etwa kritisierten sie ihre Tochter, die zwischenzeitlich mangels Kitaplatz von Sozialhilfe lebte, dass *sie* Tristan an den Papa-Wochenenden doch zu seinem Vater *bringen* sollte, statt dass der Arme umgekehrt den beschwerlichen Weg aufs Festland machen müsse. Und auch sonst ließen sie das Thema nicht ruhen.

Bei jedem Telefonat mit Tochter und Enkel fragten sie nahezu als Erstes, wie es denn Frederik ginge. Weiterhin schrieben sie ihrem Ex-Schwiegersohn an Weihnachten und Ostern hartnäckig eine Karte oder SMS, die er zwar höflich beantwortete, aber ansonsten seinerseits in keiner Beziehung zu ihnen stand. An seinem Geburtstag überwiesen sie ihm 50 Euro. Offenbar sahen sie etwas in ihm, das sie keinesfalls loslassen wollten.

Immer öfter machten Katjas Eltern ihr schließlich konkrete Vorwürfe, Katja hätte Frederik möglicherweise verärgert und sich nicht genug Mühe gegeben als Mutter und Hausfrau.

Da Katja sich vor ihren Eltern auch für manche Dinge schämte, die ihr mit Frederik passiert waren, wollte sie ihnen auch deshalb nicht die ganze Wahrheit über ihre freudlose Ehe zumuten.

Als sie sich irgendwann doch entschloss, wenigstens einige Episoden daraus zu enthüllen, um ihnen die Augen zu öffnen, entgegnete ihre Mutter: »Aber Katja, wahrscheinlich musste er fremdgehen, wenn du nicht regelmäßig mit ihm ins Bett gehst?« Und ihr Vater sagte zu ihr: »Ach Katja, du hattest schon immer eine blühende Fantasie!«

Katja brach den Kontakt zu ihnen ab.

Hier ihre Erkenntnisse zu ihrem Weg, nachdem sie ihn durch den Nein-Kongress betrachtet hatte:

- Natürlich schmerzt es mich, dass Tristan seine Großeltern fehlen, aber ich glaube auch daran, dass es für ihn verwirrend, vielleicht sogar beängstigend wäre, wenn er seine Familie am Kaffeetisch sitzen sieht, aber spürt, dass es hinten und vorne nicht stimmt.
- Manchmal ist kein Kontakt besser als ein schädlicher, auch wenn es sich um Verwandtschaft handelt!
- Eltern sein zu wollen, ist etwas zutiefst Egoistisches. Man will sich selbst in der Rolle der Mutter oder des Vaters erleben. Das habe ich meinen Eltern ermöglicht und sie haben mir ein Leben

gegeben. Ich schulde ihnen dafür nicht, es nach ihren Vorstellungen zu leben!

- Auch meine Eltern haben eine Entscheidung getroffen. Genauso wie Frederik durch sein Verhalten. Sie sagen *Nein* zu ihrer Loyalität mir gegenüber als Tochter und *Ja* zum Bild eines Mannes, von dem ich mich aber befreien musste. Zu meinem Wohl und dem meines Sohnes! Somit trage ich die Verantwortung für ihre jetzige Beziehung zu Tristan und mir nicht allein.

- Dass meine Eltern mich nur als abhängige Ehefrau wahrnehmen und lieben können, verletzt mein Selbstbild und das Recht meines eigenen inneren Kindes auf bedingungslose Liebe!

- Heute denke ich, dass in der Ehe meiner Eltern auch so einiges nicht stimmt und beide leiden oder gelitten haben. Früher aber blieb man der Kinder wegen zusammen. Vielleicht können sie es einfach nicht ertragen, dass ich hingegen den Mut aufgebracht habe, mich zu trennen.

- Die Alternative und der Preis für Kontakt wäre, dass ich mich weiter verletzen lasse und Tristan vorlebe, dass das okay ist.

- Mein aktuelles *Nein* zu einem Leben mit meinen Eltern darin bleibt traurig und schmerzhaft. Gerade, weil ich nun selbst Mutter bin. Aber genau diese Selbstbestimmtheit und meine Selbstliebe geben mir auch die Kraft, zu Tristan eine gesunde emotionale Bindung zu leben, und lehrt mich ihre Wichtigkeit für ihn.

- Unsere materiellen und emotionalen Abstriche sind für mich immer noch weniger schlimm, als dauernd an die Zeit erinnert zu werden, bevor ich der Mensch wurde, der ich jetzt (wieder) bin.

- Mit meinem Nein will ich andere ermutigen, sich zu trauen, ihr *Nein* für Bindungen statt ihr *Ja* für Kontakte einzusetzen.

Kathrin, wir hatten sie bei den Knebelgedanken schon erwähnt, ist ebenfalls ein wunderbares Beispiel dafür, dass umgekehrt aber auch die gut gemeinte Unterdrückung eines interfamiliären *Neins*

dennoch zu einem generationsübergreifenden Totalausfall führen kann. Und dafür, dass es unterm Strich doch besser sein kann, Schuldgefühle zu überwinden und gerade engsten Familienmitgliedern die gelegentlich als Kränkung empfundene Wahrheit zuzumuten.
Denn:

Kein Nein ist auch keine Lösung!

Bevor wir uns die Sache nun genauer ansehen, hier pauschal ein Denkanstoß:

Menschen, ganz gleich ob Verwandte, Bekannte, Freunde oder Fremde, haben ein bestimmtes Bild von uns, das wir intuitiv aufrechterhalten. Was wir dabei oft übersehen: Jedes Mal, wenn wir es fälschlicherweise bedienen, verletzten wir unsere eigene Seele.

Muten Sie anderen Menschen die Wahrheit über sich zu!

Das wusste Kathrin natürlich noch nicht, sonst hätte sie es gleich so gemacht. (Hinterher hat man's immer vorher schon gewusst!) Und natürlich gibt es auch Menschen, die unser wahres Wesen für uns spürbar erkennen und respektieren. In ihrer Nähe fühlen wir uns am wohlsten – das können Kollegen sein oder Partner, langjährige Freunde oder kurze Begegnungen.

Wir lieben die, die uns (er)kennen.

Wie bei allen in diesem Buch verwendeten Fallbeispielen habe ich natürlich auch Kathrin gefragt, ob es okay ist, wenn ich über sie schreibe. Und sie sagte, dass sie sich schon immer der Wissenschaft zur Verfügung stellen wollte (und zwar lieber meiner als der Pathologie). Sie möchte Ihnen nämlich gerne dienen – damit Sie aus Kathrins Erfahrungen lernen können, statt unter Umständen mühselig alles selbst auszuprobieren …

Kathrin war eine durch und durch erwachsene Frau von rund fünfzig Jahren, mit einem innigen Verhältnis zu ihrem Vater Rudi, inzwischen recht betagt. Mit seinen stolzen 85 Jahren lebte Rudi noch immer putzmunter allein zwei Bundesländer weiter als Kathrin. Sie besuchten einander nicht oft, und so versuchte sie, es krampfhaft zu genießen, dass er ihr mehrmals im Jahr ein riesiges Paket mit allerlei Sachen schickte.

So bekam Kathrin mit Ende 20 eine umfassende Enzyklopädie geschenkt, mit Ende 30 einen riesigen Schminkkasten für ihren bereits lange zurückliegenden Studentenjob als Messe-Hostess und mit Mitte 40 Schnupftabak in einer wuchtigen Blechdose, der bereits Ende der Sechzigerjahre abgelaufen war. Dazu eine Schürze und einen Schnaps. Überdies bedachte Rudi seine Tochter engagiert jeden Winter mit Unmengen von Lebkuchen, Christstollen, Trockenobst, Nüssen, Lakritz und Konservendosen, die für eine Kompanie gereicht hätten.

Das alles weiß ich deshalb so genau, weil Kathrin mich jedes Mal kurz nach der Ankunft eines solchen Paketes fadenscheinig einlud, um den Inhalt daraus loszuwerden. *Braucht deine Nichte eine Schneekugel? Ich dachte immer, du magst Butterspekulatius! Kann ich dir einen Eierlikör anbieten? Hier, diese neuen Snoopy-Socken schenke ich dir, Größe 39!* Als sich die Sache zum dritten Mal jährte, ging ich ihr auf den Grund.

Dazu muss man wissen, dass Kathrin eine der führenden Bloggerinnen in der veganen Szene ist. Sie betreibt Clean Eating, trinkt täglich Selleriesaft, meidet Kaffee, postet Poke-Bowls und benutzt eine Bambuszahnbürste. Ich bin mir sicher, dass ihr Körper auf Industrienahrung wie gezuckerten Trinkjoghurt oder einen abgepackten Müsliriegel inzwischen mit einem Schlaganfall reagieren würde. Sprich, sie könnte Rudis gut gemeinten *Erbseneintopf Hubertusjagd* nicht einmal essen, selbst wenn sie wollte!

Kathrins Vater derweil mobilisierte weiter seine schwindenden Kräfte, um die schweren Pakete voller Dosen und Süßigkeiten zur Post zu transportieren und von seiner Mindestrente jedes Mal Porto in Höhe von rund zehn Euro zu zahlen. Danach kündigte er Kathrin das Paket jedes Mal an und nötigte sie zur Sendungsverfolgung, die nie klappte, sodass sie mit pubertierenden Teenagern und Labrador nun auch noch vor der Aufgabe stand, sich bei der Post in die Schlange zu stellen – um mit ihrem Personalausweis Rudis Gaben abzuholen. Um sie dann in den vierten Stock zu tragen. Wo sie alles auspacken, sichten, sortieren und meistens leider entsorgen musste.

Leider befeuerte Kathrin die Sache auch noch, indem sie Rudi per WhatsApp brav ein paar Bilder der Waren auf dem heimischen Küchentisch – quasi ins sonntägliche Frühstück integriert – schickte. Was dazu führte, dass Rudi eine Extra-Ladung derselben vom Discounter schickte, in dem Fall Schweizer Schokolade und *Tomatensuppe Hausmacher Art*, die auch Kathrins Supermarkt führte. Mit originalverpackten Topflappen aus dem Erzgebirge von einer Kaffeefahrt in den Achtzigerjahren. Kurz danach begann Rudi außerdem vorausschauend seinen Nachlass zu schicken – unter anderem eine umfassende Karl-May-Buch-Sammlung, für die sich bestimmt ein Antiquariat hätte begeistern lassen, wenn Kathrin für so etwas Zeit gehabt hätte.

»Also, du hast jetzt zwei Möglichkeiten«, sagte ich ihr, als wir eines Tages wieder einmal bei einer zufälligen Kaffeerunde mit Dominosteinen und Rosinen beisammensaßen. »Du sagst es ihm, oder du sagst es ihm!«

Daraufhin wurde Kathrin ganz bleich, sah mich wütend an und entgegnete: »Ich soll meinen Vater verletzen? Die hatten doch früher nichts!«

»Ja«, sagte ich, »aber jetzt haben sich die Zeiten gottlob geändert und du hast von all dem Zeug nichts! Du besitzt mehr als genug und der Rest der Welt versinkt in Lebensmittelresten, Ordnungsratgebern und Plastikverpackungen!«

Es ist immer dasselbe Prinzip:

Wir heilen unsere eigenen Kindheitstraumata an Leuten, die unsere Probleme gar nicht haben, und richten gerade dadurch Schaden an.

Damit hätte sie es ihrem Vater beibringen können, denn Kathrin selbst beteuerte ihrer Tochter gegenüber immer wieder großzügig, sie müsse kein Instrument erlernen, um ihr die eigenen erlebten Qualen mit ihrer Klavierlehrerin zu ersparen. Nun ist Kathrins Tochter aber leider musisch sehr talentiert und wünscht sich nichts sehnlicher als Privatunterricht ...

Jedenfalls war bei Kathrin damals nichts zu machen, eher war ich es, die herzlos und ohne Mitgefühl war, und das so kurz vor Weihnachten! Also ging ich unverrichteter Dinge heim und Kathrin machte trotzig das Räuchermännchen aus, für das Rudi drei Kilo Weihrauch aus dem Harz geschickt hatte.

Doch dann kam der Heiligabend.

Wie so oft an diesem Festtag, an dem in den besten Familien Erwartungen, Klischees und die Realität aufeinanderprallen, sprudelten Kathrins gesammelte Empfindungen aus mehreren Paket-Jahrzehnten nur so aus ihr heraus, als sie ihren Vater erstmals wieder von Angesicht zu Angesicht sah.

Passiv-aggressiv tobte sie zwischen Goji-Beeren und Bescherung, und Rudi, der gar nicht wusste, wie ihm geschah, konnte in ihren Augen nichts richtig machen. Egal, was er anfasste, es war falsch. Egal, was er sagte, es war Unsinn. Egal, was er wollte, seine Tochter gab ihm etwas anderes. Der Abend verlief so bitterböse, dass sogar Kathrins Kinder und ihr Mann vor der ungewohnt wütenden Kathrin erschraken. Und als Rudi Kathrins karger *Karnickelernährung* die Schuld daran gab, eigentlich, um sie liebevoll von der Verantwortung für ihr eigenes Verhalten zu entbinden, büßte er dies fast mit seinem Rausschmiss.

Danach herrschte einige Jahre Funkstille.

Bis ihr Vater mit 89 Jahren an Krebs erkrankte. Ein Zustand, der sie wieder miteinander in Kontakt treten ließ, aber Kathrins Wahrheitsmut nicht gerade begünstigte. Und als Rudi das Zeitliche segnete, ging er noch immer leicht verstimmt von ihr.

Durch den Nein-Kongress konnte Kathrin klarer auf die Geschehnisse sehen:

- Die Auseinandersetzung mit dem Nein, das ich den Paketen gegenüber fühlte, hätte vieles anders verlaufen lassen können. Leider war ich bis zum Tod meines Vaters zu sehr in alten Gedanken und Gefühlen aus meiner Kindheit gefangen, um es zu äußern. Dadurch haben wir die Gegenwart miteinander verpasst!

- Aus Angst, ihn kurzfristig zu kränken, habe ich Rudi schließlich so schwer gekränkt, dass ich uns ganze zwei Jahre genommen habe.

- Mein *Nein* ist sehr mächtig und ich schulde ihm Aufmerksamkeit, sonst bricht es sich unkontrolliert Bahn. Diese Kontrolle darüber werde ich nie wieder abgeben, auch wenn es nicht leichtfällt.

- Hätte ich mich mit meinem Nein auseinandergesetzt, hätte ich, statt mit meinem Vater zu sprechen, auch den *bewussten Entschluss* fassen können zu respektieren, dass es *sein Bedürfnis* ist, mir etwas zu schicken, und es *seine Art von Liebe* ist, mich mit dem zu versorgen, was für ihn selbst als Kind das Höchste der Gefühle gewesen wäre. Ich hätte die Pakete schlicht als Geste an mich verstehen können und etwas, das ihn fit hält, ohne mich unter Druck gesetzt zu fühlen, den Inhalt essen zu müssen. Dann hätte ich mich den Sachen gegenüber weniger ausgeliefert gefühlt und sie vielleicht guten Gewissens und dankbar verschenkt.

- Meine Mutter ist früh gestorben, so war ich emotional komplett auf meinen Vater angewiesen. Gerade den Haushalt habe ich schon mit 14 allein geschmissen. Vielleicht war es seine Art der Wiedergutmachung, dass er anfing, mich als Erwachsene zu »bekochen«.

- Mein Nein hätte dazu beigetragen, dass mein Vater und ich uns noch einmal ganz neu begegnet wären. Er hätte mich als erwachsene Frau erleben können – die sich über seine Gesellschaft freut, seine Versorgung aber nicht mehr braucht. Vielleicht hat er gerade unsere fehlende menschliche Nähe mit den Paketen kompensiert und war auch irgendwie hilflos in der Kommunikation zu mir.

- Ich habe mich erst nach seinem Tod mit dem auseinandergesetzt, was ich so lange gefürchtet hatte: seinen Verlust. Der Gedanke »Wer weiß, wie lange ich ihn noch habe?« hat mein Nein geknebelt und verhindert, darüber nachzudenken, *wie* ich ihn/ uns gerne noch gehabt hätte.

- Nach viel Arbeit mit meinem inneren Kind konnte ich meine alte Wut zulassen, die meine Überforderung in der Rolle als Ersatzfrau im Haus in mir ausgelöst hat. Damals hatte ich sie unterdrücken müssen und später hat sie mir dann gefehlt, um mich mit meinem Nein gegen ihn zu stellen.

- Mein Nein ist der beste Mentor, den ich je hatte!

- Erst nach seinem Tod habe ich mich getraut, so richtig erwachsen zu werden – das heißt, eben auch alle Gefühle, die zu mir gehören, vollkommen zu leben. Vielleicht war das sein Geschenk, dass ich bis zum Schluss durch ihn wachsen konnte.

Nein zu Patchwork

Heike ist Anfang 30 und glücklich liiert mit Matteo.

Matteo allerdings ist mit Sabine verheiratet, die von Heike nichts weiß. Heike und Matteo begegneten sich auf einer Tagung in Bad Salzuflen, als er und Sabine gerade gebaut und drei Kinder bekommen hatten, und Matteo frisch befördert worden war, um das alles zu finanzieren.

Heike hatte schon Jahre zuvor, als Studentin, eine langjährige Beziehung mit ihrem Professor für Frühgotik geführt, der ebenfalls verheiratet war, und ihr Bindungsmuster umfangreich in einer Psychoanalyse aufgearbeitet.

Herausgekommen war – so staunte sie selbst –, dass sie keine Vaterthematik und keine Bindungsphobie hatte, sondern sich einfach konsequent zu Männern hingezogen fühlte, die ihre Liebe und Begabung für Architektur teilten. Nur hatten diese meist schon geheiratet, bevor sie auf Heike trafen.

Weil Heike dennoch überzeugt war, dass mit ihr etwas nicht stimmen müsse, ging sie zu einem weiteren Psychologen, der genau eine Sitzung brauchte, um sie zu heilen.

»Leiden Sie unter Ihren Beziehungen?«, fragte er sie.

Und Heike antwortete: »Nein, gar nicht! Sie geben mir Kraft.«

»Dann haben Sie kein Problem.«

So liebte Heike Matteo einfach weiter, ungeachtet seiner Sabine, seiner Hypotheken und Feiertage, die er im Kreise seiner Familie verbrachte. Wenn er zugegen war, unternahmen sie aufregende Kurztrips, planten Bauwerke und hatten lebensverändernden Sex, und wenn er fort war, ging Heike munter ihren Hobbys, Freundschaften und ihrer Kreativität nach, wofür sie viel Raum und Zeit allein brauchte.

Als ich sie einmal fragte: »Tut es dir nicht weh, dass er nicht zu dir steht?«, sah sie mich bloß entgeistert an.

»Ich stehe doch dazu, dass ich ihn liebe – *er* ist es, der nicht *zu sich* steht.« Da hatte sie irgendwie recht.

Als Matteo eines schönen Tages mit einer Reisetasche vor ihrer Tür stand und sagte, er habe Sabine verlassen, die Kinder würden wechselseitig bei beiden leben und er sich eine Einzimmerwohnung nehmen, um dem Unterhalt nachkommen zu können, machte Heike Schluss. Sie brauchte fast ein Jahr, um sich von ihrem ersten großen Liebeskummer im Leben zu erholen.

Durch den Nein-Kongress fand sie heraus:

- Ich hatte sehr lange Schuldgefühle, weil ich mein Nein zum Verlassen seiner Familie nie kommuniziert hatte.
- Ich kenne mich selbst sehr gut und weiß, dass mein Nein zu Patchwork nichts als ehrlich ist. Ich bin nicht geeignet, mich um fremde Kinder und Alltagsbelange zu kümmern, und könnte ihnen als Bonusmutter nicht bieten, was sie brauchen.
- Ich möchte mein Leben nicht damit belasten, mich mit einer fremden, enttäuschten Frau gut stellen zu müssen oder einen Mann zu trösten, dem die Belastungen des Beziehungswechsels erst nach und nach klar werden.
- Das, was wir hatten und uns verband, hätte in der neuen Konstellation keinen Platz mehr gehabt. Er hat eigenmächtig die Vorzeichen geändert und ich erlaube mir, für mein Leben Nein dazu zu sagen.
- Ich habe auch Nein gesagt, weil ich nicht will, dass mich ein anderer benutzt, um seine Lebensumstände zu ändern.
- Das alles mag hart klingen, aber für mich ist es einfach das richtige Lebensmodell, keine Doppelgarage zu teilen, sondern »nur« das emotionale Miteinander.
- Manchmal wünsche ich mir selbst, eine ganz andere Natur zu haben und nach einem konservativen Lebensstil zu streben, aber ich habe mich akzeptiert, wie ich bin, und mein Nein hilft mir, dieses Leben zu führen.

✳ ✳ ✳

Katja (Sie erinnern sich an die Sache mit Norderney?) war inzwischen einige Jahre von Frederik geschieden und Tristan acht Jahre alt. Er besuchte die Grundschule, und Großereignisse wie Einschulung und Kommunion begingen Katja und ihr Ex-Mann inzwischen friedlich zusammen. Frederik hatte eine neue Partnerin gefunden, mit der er bereits seit sechs Monaten liiert war und die, mehr als er selbst, alles tat, um sich bei Katja und Tristan beliebt zu machen.

Engagierter als Katja selbst unternahm sie mit Tristan an seinen Papa-Wochenenden alle möglich Sachen, bastelte, knetete, kickte und ließ Drachen steigen, suchte den höflichen Kontakt zu Katja und bestach mit ihren Mitte 20 allgemein durch Fröhlichkeit und Optimismus. Katja ließ sie gewähren, unternahm aber ihrerseits nichts, um Frederiks Freundin näherzukommen.

Je älter Tristan nun wurde, desto wichtiger wurde ihm der Vater, und Tristans größter Wunsch an seine Mutter Ende des Jahres war, dass sie alle zusammen – mitsamt neuer Freundin – Weihnachten feiern.

Obwohl Katja gar keine Lust dazu hatte, fügte sie sich Tristans Sehnsucht – denn sie wollte ihren Sohn wenigstens für ein, zwei Tage von der Zerrissenheit zwischen seinen liebsten Bezugspersonen befreien.

Also überlegte sie sich ein Menü, opferte ihre Wohnung, die als einziger Ort groß genug war, um alle zu beherbergen – und besorgte letztlich auch Frederiks Freundin Carla zwangsweise ein Geschenk.

Kurz vor Heiligabend sank ihre Laune von Stunde zu Stunde und noch vor der Kindermesse kam es zum Urknall: Frederik stand über Stunden bei Norddeich-Mole im Stau, seine Freundin und er stritten über das Telefon wegen eines Skiurlaubs, Katjas Flammkuchen wurde kalt und Frederik hatte darauf bestanden, den Tannenbaum zu besorgen, mit dem er nun im Dunkeln noch durch Ostfriesland fuhr.

Statt ihren enttäuschten Sohn zu trösten, musste Katja allerdings kurzfristig Carla in den Arm nehmen, die sich kurzerhand per *WhatsApp* getrennt hatte und zum ersten Mal mit Tristan stritt, weil sie *Drei Haselnüsse für Aschenbrödel* gucken, Tristan aber bei *Der Grinch* aufs Christkind warten und Katja sich eigentlich mit *Weihnachten bei Hoppenstedts* ablenken wollte.

Es war schlimmer als ihr Weihnachtsalbtraum, in dem sie sich alleine mit Kind, Essen auf Rädern und zwei Katzen gesehen hatte!

Noch Wochen danach hielt Frederiks Freundin zu Katja so intensiven Kontakt, dass sie ihre Nummer wechseln musste.

»Du wolltest eben zusammen Weihnachten feiern, es hätte auch gut gehen können?«, fragte ich sie vorsichtig an Silvester.

»Ja«, lachte sie. »Aber *Nein* sei Dank, weiß ich es jetzt endgültig besser.«

Und da sie den Nein-Kongress ja schon kannte, fügte sie hinzu:

* Weil ich noch immer unter der Trennung von meinen eigenen Eltern leide, wollte ich Tristan dieses Gefühl wohl um jeden Preis ersparen. Leider auf meine Kosten als seine erste Bezugsperson.
* Ab jetzt folgt mein Nein, auch ihm gegenüber, konsequent meiner Intuition, die mir abriet.
* Mein Nicht-Nein hatte auch zur Folge, dass es sehr kräftezehrend war, mich im Nachgang wieder von Frederiks Freundin abzugrenzen.
* Es war gut, das mal gelebt zu haben, denn nun weiß ich, dass ich Tristan, auch an Weihnachten und allein, mehr »heile Welt« bieten kann als die Idee davon mit anderen.
* Durch die Sache konnte ich mir für die Zukunft die innere Erlaubnis erteilen, mich gegen Scheidungsschuldgefühle abzugrenzen und meine Lebenserfahrung über Tristans Wünsche zu stellen.
* Ich muss nicht dafür sorgen oder mich daran beteiligen, dass Frederik durch so einen Abend sein früheres Verhalten vergessen kann.
* Wir werden auch in Zukunft mal wieder Sachen zusammen machen, damit Tristan uns wenigstens als platonische Familie erlebt, allerdings sage ich Nein zu allem, was ich organisieren muss und das länger als einen Tag dauert.
* Durch mein Nein kann ich Tristan vor neuen Enttäuschungen schützen.

- Falls es noch mal ein gemeinsames Weihnachten gibt, dann nur, wenn ich nicht den Haupteinsatz leisten muss, und nur auf neutralem Boden, zum Beispiel in einem Hotel und nicht innerhalb meiner persönlichen Grenzen (Wohnung).

Nein zu Nachbarn und im Homeoffice

Ist Ihnen Ilka noch im Gedächtnis? Genau, die mit dem Sanitäter und der Spende.

Wie bei vielen ANS-Menschen war auch sie lange mit auffallend vielen Situationen in ihrem Leben konfrontiert, die ihr halfen, ihr *Meisterschaftsthema* zu lösen. Meisterschaftsthemen sind jene Überschriften in unserem Leben, die immer wiederkehren. So lange, bis wir ausreichend daran gewachsen sind und sie hinter uns lassen können. Stellen Sie sich das wie bei einem Computerspiel vor: Das System bleibt so lange aktiv, bis Sie auf dem nächsten Level angekommen sind. Aus diesem Grund steigert sich auch regelmäßig der Schwierigkeitsgrad!

Immerhin hatte Ilka ihr *Nähe-Distanz-Thema* bereits für sich erkannt und schon in den letzten beiden Wohnungen registriert, dass andere um sie herum übergriffig wurden, zum Beispiel durch Hundegebell, Sexgeräusche, Telefonate über Lautsprecherboxen, Instrumente oder Klingelstreiche. Jede Menge Fremdakustik also, die sich in ihrem heimischen Kreidekreis befand. Egal, wo sie einzog, traf sie auf Vermieter, Handwerker, Vor- und Nachmieter, die ihr das Leben rund um den Ort, der eigentlich ihr Regenerations- und Rückzugsgebiet sein sollte, vermiesten.

Nachdem Ilka in ihrer jetzigen Bleibe also zuletzt den Sanitäter »besiegt« hatte, tauchte ein neuer Gegner auf – ihr vermeintlich herzlicher Nachbar.

Dazu muss man wissen, dass Ilka allgemein ein sehr umgänglicher und hilfsbereiter Mensch ist, der sich aber offenbar in der

Kunst üben sollte, genau hier eine Grenze zu ziehen – zwischen Hilfsbereitschaft und schamlosem Ausgenutztwerden.

So war sie immerhin nicht überrascht, als bei ihrem Einzug diesmal ein Zettel am Klingelbrett hing, dass *Pakete für Müller* auch bei ihr abgegeben werden könnten. Natürlich ohne, dass Ilka davon gewusst, geschweige denn ihre Zustimmung gegeben hätte. Doch ihre Bekannten rieten ihr: »Ach, das ist bestimmt eine ganz nette Hausgemeinschaft, in der jeder jedem hilft. Am besten, du passt dich an!« Und da auch ihr neuer Vermieter gemeint hatte, Ilka *passe sehr gut ins Haus*, maß sie der Sache nicht allzu viel Bedeutung bei, auch wenn ein ungutes Gefühl blieb.

Da man ihr im letzten Haus vorgeworfen hatte, sie habe sich nicht jedem vorgestellt, wollte sie diesmal vorbeugen und klingelte über und unter sich, um *Hallo* zu sagen, kaum, dass der Möbelwagen um die Ecke gebogen war. Und tatsächlich machte selbst Herr Müller einen überraschend sympathischen Eindruck. Wie Ilka war er ein alleinerziehender Elternteil, offenbarte jedoch noch bei der Begrüßung offenherzig die neuralgischen Punkte im Gerichtsstreit mit seiner Ex-Frau, sodass Ilka sich schnellstmöglich wieder verabschiedete. Herr Müller hatte eine Tochter im Alter von Ilkas Sohn.

Als Ilka ihren Bekannten erneut von ihren neuen Lebensumständen erzählte, fielen die Reaktionen abermals einhellig aus: »Mensch, hast du ein Glück, vielleicht wird ja noch was aus euch!« Oder: »Toll, dann könnt ihr euch ja gegenseitig unterstützen!« Oder: »Das ist sicher hilfreich für dich, dich mit jemandem auszutauschen, der ähnliche Erfahrungen macht wie du!« Und: »Wenn du mal in Not bist, hast du es ja nicht weit.«

Obwohl Ilkas siebter Sinn ihr abermals riet, die Sache mit Vorsicht zu genießen, ließ sie sich durch die Leutchen im Außen, die bald zu ihrer inneren Stimme wurden, darauf ein, »kurz reinzukommen«, als sie das nächste Mal im Hausflur auf Herrn Müller und Tochter traf.

Bald war es Zeit zum Abendessen und Ilka drängte zum Aufbruch, doch die Kinder hatten gerade eine Gemeinsamkeit entdeckt, und so stimmte Ilka nicht ganz freiwillig zu, als Herr Müller meinte, er habe sowieso noch Auflauf von gestern übrig, zumindest Ilkas Sohn könne doch gerne noch etwas bleiben.

Bei der Gelegenheit gab er Ilka auch gleich seine Wohnungsschlüssel, falls er sich mal aussperrte, und bot Ilka an, ihre zu nehmen, was sie lieber abwiegelte.

Am nächsten Abend klingelte Herr Müller – allerdings ganz ohne Einladung – bei Ilka, die ihn zwar nicht hereinbat, sich aber auf einen Plausch an der Tür einließ, obgleich sie eigentlich gerade anderes vorhatte. Und wieder verfielen die Kinder ins Spiel. Als es diesmal an den Abschied ging, *erwartete* Herr Müller nun aber, dass auch seine Tochter zum Essen bleiben könne. Ilka, die das unsägliche Glück besitzt, dass ihr Sohn alles isst, und bereits zwei Feldsalate mit Feigen, Rucola und Gorgonzola angerichtet hatte, vermutete stark, dass Herrn Müllers Tochter eine Sondermahlzeit erfordern würde. Sie wollte ihn nebst Kind durchaus einmal einladen – allerdings an einem Abend ihrer Wahl und mit vorheriger Menüabfrage, Richtung Spaghetti bolognese.

Es dauerte mehrere Anläufe, bis Herr Müller verstand, dass Ilka an diesem Tag nicht willens war, seine Tochter zu versorgen. Wobei auch Herr Müller einige Versuche unternahm, dies doch noch Realität werden zu lassen, indem er zum Beispiel auf einmal recht barsch bemerkte, in diesem Fall jetzt erst etwas auftauen zu müssen. Im Gehen bat er Ilka, von der er inzwischen fatalerweise wusste, dass sie im Homeoffice arbeitet, ob sie am nächsten Morgen den Klempner einlassen könnte? Er habe den Termin verschwitzt und müsse leider arbeiten.

Als Ilka notgedrungen bejahte, bestand er jedoch noch darauf, ihr in seiner Wohnung oben die Problematik zeigen zu müssen. Und als Ilka endlich wieder herunterkam, war ihr schöner Abend futsch – und zwei Feldsalate.

Das Einlassen des Klempners am nächsten Morgen entpuppte sich als Fulltime-Job, denn ständig gab es Rückfragen an Ilka, die als Zuständige anmutete. Und futsch war auch Ilkas kostbarste

Zeit des Tages – ihre vier Stunden Homeoffice, während ihr Sohn in der Grundschule war. Zugleich ihre einzig verbliebene Existenzgrundlage.

Derweil besaß Herr Müller Ilkas Handynummer – als *Notfallkontakt*, falls mal etwas mit den Kindern wäre – und benutzte diese zunehmend. Anfangs nur, um Ilka zu *informieren,* dass heute eventuell ein Paket für ihn käme. Dann, um zu fragen, ob sie etwas aus dem Getränkemarkt bräuchte, vom Kiosk oder aus der Drogerie. Was sie jedes Mal dankend verneinte. Und leidlich eine Reihe von Paketen für ihn annahm. Sowie auch noch einmal fürs ganze Haus herhielt, als der Schornsteinfeger sich angekündigt hatte.

Als Herr Müller ihr mitteilte, dass kommenden Mittwoch um zwölf Uhr ein Arbeitskollege einen Transponder abgeben würde, schrieb Ilka zurück, dass sie dies *leider nicht realisieren* könne, da sie erst ab 13 Uhr mit ihrem Sohn von der Schule käme. Im guten Glauben, damit sei die Sache erledigt, erschrak Ilka zu Tode, als um 13.10 Uhr der ihr unbekannte Arbeitskollege hinter ihr stand, um ihr dann eben jetzt den Transponder zu geben. Er habe sich nun *extra nach ihr gerichtet.* Als Herr Müller Ilka ein paar Tage darauf wieder informierte, dass eventuell heute jemand bei ihr klingeln würde, um etwas in den Hausflur zu legen, tat Ilka das Unaussprechliche: Sie versuchte es mit der Wahrheit.

Per SMS schrieb sie ihm zurück, dass *sie sich sehr geehrt fühle, dass er ihr in seinen facettenreichen, privaten Angelegenheiten so viel Vertrauen entgegenbrachte, sie sich dem aber derzeit nicht gewachsen sehe.*

Es herrschte einen Tag lang Funkstille, dann tippte Herr Müller:»Da sieht man es mal wieder, dass man die ach so überforderten Mütter gar nicht erst ansprechen darf.«

Und das tat er nicht mehr. Ilka derweil lebte unbeliebt und friedlich vor sich hin.

Für den Nein-Kongress hat sie sich gerne erinnert:

- Durch die Vorwürfe aus dem alten Haus bin ich mit zu großer Offenheit ins neue gezogen. Den Knopf, als unhöflich zu gelten, wenn ich mich angemessen abgrenze, lasse ich nicht mehr drücken.
- Die Einschätzung Fremder (Vermieter), wohin ich passe, bejahe ich nicht mehr.
- In Zukunft werde ich nur noch meiner eigenen Wahrnehmung vertrauen, die mich gewarnt hatte.
- Auch, wenn jetzt Eiszeit herrscht, hat mein Nein mich ans Ziel gebracht – das meiner Privatsphäre zu Hause!
- Es gibt keine zweite Chance für einen ersten Eindruck. Den hatte ich am Klingelbrett und werde erste Jas oder Neins zukünftig danach ausrichten.
- Grundsätzlich werde ich bei ersten Begegnungen skeptischer sein und mich erst nach und nach öffnen, falls weiteres Kennenlernen dies rechtfertigt.
- Wenn ich weniger von anderen behelligt werden möchte, muss ich weniger auf andere hören.
- Ab sofort nehme ich mein Nein in Anspruch, um selbst zu entscheiden, ob ich zum Beispiel Nachbarn näherkommen möchte.
- Da andere (Bekannte) letztlich nicht in meiner Situation sind, werde ich meinem Gefühl ab sofort immer mehr Gewicht beimessen als ihren Worten.
- Zukünftig traue ich mich, auch direkt in einer Situation, die mir nicht passt, *Stopp* zu sagen.
- Dass jemand anders in derselben Lebenssituation ist wie ich, heißt nicht, dass er dasselbe darüber denkt oder ähnlich damit umgeht (siehe Rotes-Auto-Phänomen). Ich darf mich auch vermeintlich ähnlichen Menschen gegenüber abgrenzen!

Nein zum Wohnungsmarkt

Mia und Jonas waren schon einige Monate auf Wohnungssuche in der Großstadt, denn ihr neues Heim sollte ihre erste gemeinsame Bleibe werden.

Leider waren ihre Bemühungen bislang gescheitert, und so nahmen sie einiges Geld in die Hand und gaben ein Inserat in der überregionalen Samstagszeitung auf. Obwohl sie mehrere Zeilen in die explizite Beschreibung ihrer Bedürfnisse investiert hatten, insbesondere der mit ihren Arbeitsstätten verbundenen, infrage kommenden Postleitzahl, bekamen sie ausschließlich Rückmeldungen aus dem Umland. Oder solche, die anderweitig gar nicht geeignet waren.

Schließlich biss Jonas in den sauren Apfel und registrierte sich kostenpflichtig auf einem Immobilienportal, um auch Vermieter anschreiben zu können, die bereits hier die erste Hürde gesetzt hatten: Sie waren nur durch Premium-Mitglieder kontaktierbar.

In den meisten Fällen bekamen Mia und Jonas – beide in solider Festanstellung – dennoch gar keine Antwort. Manchmal eine allgemeine Absage und selten eine persönliche. Doch ab und zu wurden sie zu einer Besichtigung eingeladen.

Leider waren die meisten der verfügbaren Wohnungen äußerst kurzfristig zu vermieten, und ohne neuen Mietvertrag in der Tasche wagten Mia und Jonas es nicht, ihre einzelnen Wohnungen vorab zu kündigen, zumindest nicht beide, obwohl sie drei Monate Kündigungsfrist hatten.

Abgesehen vom Bezug zu sofort oder zum nächsten Ersten, erforderten die meisten Wohnungen zudem noch den Einbau einer Küche – oder waren mit einer horrenden Abschlagszahlung verbunden.

Bei den Begehungen legten sich Mia und Jonas ins Zeug, kleideten sich adrett und erschienen auf die Minute pünktlich zu den ihnen zugewiesenen Zeitfenstern. Doch oft entpuppte sich der nette Plausch mit den Ansprechpartnern als wirkungslos – denn letztlich wurden die Entscheidungen von Dritten getroffen, die nie selbst in Erscheinung traten (und gelegentlich auch fragwürdige Kriterien aufstellten wie zum Beispiel, dass sie die Wohnung nur an Geschwister vermieten wollten).

Bei der Mehrzahl der Wohnungen wurden schon vor der Besichtigung umfangreiche sensible Daten verlangt – die letzten drei Gehaltsnachweise, die Schufa-Auskunft, eine zusätzliche Bürgschaft der Eltern und eine Mietschuldenfreiheitsbescheinigung des Vorvermieters, und natürlich immer wieder andere Selbstauskunftsformulare – obwohl die abgefragten Daten dieselben blieben. Ein Makler ließ Mia und Jonas gar nicht erst ein, bevor sie ihm nicht die mitgebrachte Steuererklärung des letzten Jahres an der Wohnungstür aushändigten, obwohl sie ihrerseits gar nicht wussten, ob sie tatsächlich Interesse anmelden würden.

Ein Verwalter erhob vorab die Kontodaten der Interessenten, für eine *Gebühr bei Nichterscheinen,* und ein Vormieter erwähnte in letzter Sekunde, dass er die Wohnung selbstverständlich weiterhin an den Wochenenden selbst bewohnen würde.

Als Mia und Jonas kurz davor waren aufzugeben, bekamen sie die Zusage für eine absolute Traumwohnung – Altbau, Parkett, Szeneviertel!

Obwohl nun eine doppelte Miete auf sie zukam, die Kautionszahlung fällig wurde, lange bevor die alte erstattet würde, und eine Abschlagszahlung über zweitausend Euro für Gardinenstangen, Lampen und einen Schrank anfiel, die Mia und Jonas allesamt weder wollten noch brauchten, sagten sie zu.

Doch kurz nachdem sie vollständig umgezogen waren, entpuppte sich die Wohnung als nahezu unbewohnbar. Tagsüber fuhren über ihnen Kinder mit ihren Bobby Cars, sprangen Seil und schrien herum, auch gerne schon samstags in der Früh ab sechs Uhr, und nachts stritt das Pärchen unter ihnen und knallte die Türen. Kaum, dass sie eingezogen waren, wurde außerdem das Nachbarhaus abgerissen und zur Dauerbaustelle für die nächsten ein bis zwei Jahre erklärt.

Nach einem halben Jahr zogen Mia und Jonas wieder aus.

Durch den Nein-Kongress haben sie sich noch mal an alles erinnert:

- Nach dieser Erfahrung haben wir uns dem Wohnungsmarkt nicht mehr ausgesetzt und sogar unseren ganzen Lebensentwurf geändert.
- Wir haben unsere Werte hinterfragt, weiter in die Zukunft gedacht und uns vorgestellt, ein Leben in der Provinz zu führen. Heute besitzen wir dadurch sogar Eigentum!
- Wir haben Lehrgeld bezahlt, das aber zu einem Dauer-Nein zum Großstadtwahnsinn geworden ist. Denn es gibt immer einen, der es macht, und einen, der es mit sich machen lässt. Wir hoffen heute, ein kleiner Beitrag zu sein, um diese Verhältnisse mit der Wohnungsnot zu stoppen.
- Es war total schwer, wieder aus dem Lebensgefühl »Wer nimmt uns?« auszusteigen, aber unterm Strich hat es uns sogar unsere Beziehung gerettet, da unser Leben nicht mehr nur aus Kostendruck besteht.

Nein zu Freunden

Hannah und Lena kannten sich seit der Grundschule. Ihre Freundschaft hatte verschiedene Sportvereine, Studiengänge, Beziehungen, Städte und Jobs überlebt. Nun endlich, mit Anfang 30, führte ihre Heimatstadt sie wieder zusammen!

Da beide inzwischen Mutter geworden waren und sich auch in diesem Bereich gut verstanden, war vor allem Hannah voller Vorfreude darauf, diesen neuen Lebensabschnitt endlich wieder mit Lena teilen zu können.

Die ersten, zufälligen Treffen verliefen genauso wie früher – doch bald fiel Hannah auf, dass Lena nahezu keine Entscheidung ohne ihren Mann treffen konnte.

Waren sie zusammen Kinderbekleidung kaufen, schickte Lena immer erst ein Foto des Kleidungsstücks an ihren Mann. Gingen sie noch ein Eis essen, musste sie ihm zuerst Bescheid geben, und war die Eiskugel bei einer neuen Eisdiele am anderen Ende der Stadt zehn Cent günstiger, mussten sie – den Finanzen von Lenas Mann zuliebe – eine Busfahrkarte lösen, um dorthin zu fahren. Eine Widersinnigkeit, mit der Hannah jedoch hinterm Berg hielt.

Planten sie einen Ausflug, musste stets Hannah fahren, da Lenas Mann das Auto brauchte, und als die Kinder eine Übernachtung planten, für die sie ohne Mamas noch zu klein waren, fiel diese leider flach – denn Lenas Mann hatte grundsätzlich etwas gegen Besuch, sodass Hannah nicht hätte mitübernachten können.

Als Hannah ihre Beobachtungen vorsichtig ansprach, verteidigte Lena sich schroff, dass eine Ehe eben Rücksichtnahme und Kompromisse bedeute.

Eines Tages bat sie Hannah, ihr ein Möbelstück von einem Einrichtungshaus abzuholen, in das sie sich verliebt hatte. Das sie aber mangels Auto nicht selbst holen konnte und ihr Mann zugleich nicht erlaubte, dass Lena Geld für den Lieferservice ausgab. Hannah kam ihrer Bitte nach und bat ihren eigenen Mann, Lena die Sachen in den dritten Stock zu tragen, damit sie mit dem Aufbau nicht auf ihren warten musste, der erst spätabends heimkam.

In der Woche darauf schlug Hannah vor, die Übernachtung doch einfach bei sich stattfinden zu lassen. Doch nachdem Lena ihren Mann gefragt hatte, bedauerte sie. Er wolle nicht, dass seine Frau außer Haus schläft.

Als Hannah ihre einstige Busenfreundin enttäuscht fragte, was sie denn *seiner Meinung nach kostenlos zusammen machen dürften*, warf Lena ihr an den Kopf, dass es *ihrem Mann* eben nicht egal sei, ob sie Geld zum Fenster rauswirft und was sie den ganzen Tag treibt – und die ganze Nacht.

Hannah meldete sich nie wieder bei ihr.

Mit dem Nein-Kongress hat Hannah ihr Erlebnis noch einmal Revue passieren lassen.

- Ich bin trotz allem froh, dass ich relativ schnell einen Schlussstrich gezogen habe.
- Die Lena von damals habe ich schon viel früher verloren, nicht erst durch mein Nein.
- Der wichtigste Schritt zu meinem Nein war zu akzeptieren, dass manche Freundschaften ihre Zeit haben.
- Mein Nein hat mir zu verstehen gegeben, was mir in Freundschaften heute wichtig ist.
- Es klingt vielleicht komisch, aber irgendwie habe ich das Gefühl, dass mein Nein auch ein Freundschaftsdienst war. Ich glaube nicht, dass Lena in ihrer Ehe so glücklich und frei ist, wie ich es ihr wünsche, und halte ihren Mann für übergriffig. Wenn ich Dinge für ihn kompensiere (Möbel holen), wird Lena keinen Leidensdruck aufbauen und die Ehe nicht hinterfragen. Insofern hilft mein Nein auch, das System, in dem sie lebt, nicht weiter zu unterstützen.

Nein zu Tieren

In Evas Ehe lief alles perfekt – sie und Klaas hatten sich verliebt, verlobt, geheiratet und ihr Traumhaus im Grünen bezogen. Nun kündigte sich der heiß ersehnte Nachwuchs an. Und da Eva ihren Job als Zahnärztin schon in der Schwangerschaft nicht mehr ausüben durfte und auch in den ersten drei Jahren nach der Geburt zu Hause zu bleiben plante, hatte sie ausreichend Kapazität, sich einem langjährigen Herzensprojekt zu widmen: der Rettung eines Tieres in Not!

Monatelang verbrachte Eva mit der Vorbereitung und Recherche, und schließlich fiel die Wahl auf einen Mischlingsrüden aus Ungarn. Er sollte sein *Für-immer-Zuhause* bei ihnen finden!

Die befragte Tierärztin war wenig begeistert, auch wenn Eva nicht ganz verstand, warum, und schwor sie auf einige Kosten ein – selbst, *falls* der Hund gesund sein sollte.

Nachdem Eva und Klaas, nach akribischer Vorbesichtigung ihres Hauses durch die ausgewählte Hilfsorganisation und verhörähnlichen Interviews, die Schutzgebühr über 250 Euro entrichtet hatten, schlossen sie nach mehreren Hundert Kilometern Fahrt durch Deutschland um drei Uhr früh an einer Raststätte im Schwarzwald *Chico* endlich in Herz und Arme.

Eva war auch sonst nicht naiv gewesen und hatte sich vorab einen Hundetrainer gesucht, um von Anfang an alles richtig zu machen – erst recht, wenn das Baby kam. Sie dachte sich: Egal, wie schwierig es würde, bis zur Geburt hatten der Rüde, Klaas und sie noch ganze sieben Monate Zeit, um sich als Hund-Halter-Gespann einzupendeln!

Eine Weile ging alles glatt, dann begannen die Probleme.

Trotz der Untersuchung durch einen Tierarzt in Ungarn und veterinärmedizinischen Papieren, die Kastration und legale Ausfuhr dokumentierten, hatte Chico mit allerlei Parasiten zu kämpfen, deren Therapie rund zweitausend Euro verschlang.

Pflichtbewusst hielt Eva Rücksprache mit der Tierschutzorganisation, da mutmaßlich alle Tiere im Lkw mit den Parasiten infiziert waren und Behandlung brauchten. Außerdem handelte es sich bei einer Spezies um eine Zoonose, die auch für den Menschen gefährlich werden konnte. Entrüstet bestritt die Hilfsorganisation diese Möglichkeit jedoch kategorisch.

Von den Parasiten befreit, hatte Straßenhund Chico ganz neue Energie für alle möglichen Unarten. Daneben, dass er keine Minute alleine bleiben konnte, zerlegte er regelmäßig die Wohnung und entwickelte eine ausgeprägte Leinenaggression, zog massiv an derselben, jagte und verhielt sich ausgesprochen territorial, sodass Eva und Klaas bald keinen Besuch mehr empfangen konnten.

Mit dem Hundetrainer zusammen entwickelte Eva ein intensives Übungsprogramm und verbrachte ihre restliche Schwangerschaft mit der Erziehung und Beschäftigung von Chico. Von Agility-Training über Barfen bis Hundeschule unternahm sie alles, um seinen Bedürfnissen und ihrer neuen Verantwortung als Hundebesitzerin gerecht zu werden.

Als das Baby da war, unterstützte Klaas seine Frau dabei, wo er nur konnte – und ging mit Energiebündel Chico schon morgens früh um sechs Uhr zwei Stunden Fahrrad fahren, damit er sein Morgengeschäft erledigen konnte und bis mittags ausgelastet war. Oft wurde er dabei von ahnungslosen Passanten als »Tierquäler« beschimpft, die Chicos dringend benötigte Bewegung neben dem Rad und das Leinenführigkeitstraining als leidvoll einstuften.

Da auch ihr Neugeborenes beide massiv in Anspruch nahm und die jungen Eltern über Monate nachts kaum mehr als drei Stunden am Stück schliefen, war die stillende Eva bald am Ende ihrer Kräfte angekommen.

Damit Chico dennoch nicht zu kurz kam, engagierte sie zweimal wöchentlich eine Dogwalkerin, die ihm ausreichend Auslauf im Rudel verschaffte, und fand eine Huta – eine Hundetagesstätte –, die Chico halbtags aufnahm, damit er nicht alleine sein musste, wenn sie zur Rückbildung, zum Kinderarzt oder zum Einkaufen ging. Verabredungen mit anderen Müttern entstanden für Eva und ihr Baby kaum, die stattdessen täglich das Training mit Chico fortsetzte. Die Wohnung, die eigentlich kindersicher sein sollte, war inzwischen hundesicher, und Klaas und Eva wohnten nur noch mit dem Nötigsten, um Teppiche, Decken und Kissen vor Chico sicher zu wissen. Auch konnte Eva ihr Baby nur im Laufstall auf den Boden lassen, damit es krabbeln lernte, oder musste Chico wegsperren, der dies mit konstantem Gebell kommentierte – was die Nachbarn auf den Plan rief. Inzwischen hatte er auch begonnen, in die Wohnung zu machen.

Nach den Ferien trat eine Marotte von Chico immer deutlicher zutage: Er begann, wahllos und ohne Ankündigung Schulkinder anzugreifen. Als es zur Maulkorbpflicht für ihn kam, waren Eva und Klaas mit ihren Nerven am Ende. Beide hatten fast zehn Kilo abgenommen und als Eva Depressionen bekam, beschlossen sie schweren Herzens, Chico abzugeben. Vertragsgemäß wandten sie sich wieder an die Tierschutzorganisation. Denn im Vertrag stand, dass Eva und Klaas zwar Besitzer waren, Chico jedoch Eigentum der Organisation blieb und eine Weitervermittlung nur anonym und wieder über die Organisation erfolgen dürfte.

Als diese Eva ausgiebig beleidigte, dass sie ihren Kinderwunsch zuvor mit dem hilflosen Hund befriedigt hätte und diesen nun also wieder »entsorgen« wolle, wandte sich Eva an eine auf Tierrecht spezialisierte Anwältin, die jedoch – wie die Organisation – äußerst unwirsch auf Eva reagierte. Die Erstberatung kostete sie 220 Euro und brachte ihr keine Klarheit, dafür weitere persönliche Vorwürfe ein.

Schließlich musste Klaas noch einmal durch ganz Deutschland fahren und Chico zu einer Dame aus der Organisation bringen, die auf einem verfallenen Grundstück auf einer Ostseeinsel residierte.

Durch den Nein-Kongress hat sich Eva noch einmal mit den Geschehnissen auseinandergesetzt:

- Heute verstehe ich die Haltung der Tierärztin, die Adoptionsverläufe wie unseren schon zu Hunderten gesehen hatte, und nach der Abgabe deutlich formulierte, dass Menschen wie wir das ganze System armer Länder erst am Laufen halten, indem diese Tiere produzieren, oft auch in Inzucht, die dann »gerettet« werden können.
- Wenn unsere Tochter älter ist, werden wir wieder ein Tier anschaffen, damit sie früh lernt, was es bedeutet, Verantwortung zu übernehmen – allerdings eines, das zu unserer Kapazität und in unser Leben passt, Kleintiere in diesem Fall.
- Nein zu einem Leben unter diesen Umständen zu sagen, war ein langer Prozess, der mich viel über meine eigenen Bedürfnisse und Grenzen gelehrt hat.

- Es hat lange gedauert, bis ich mir Chicos Abgabe und unser Scheitern verzeihen konnte, aber heute sehe ich es auch so, dass wir ihm zwei gute Jahre *gegeben* haben, und seine Gesundheit, für einen neuen Start.

- Heute bin ich mir nicht mehr sicher, ob man einem Straßenhund, der frei ist und betteln und streunen gelernt hat, immer einen Gefallen tut, indem man ihn in eine Großstadt und Wohnung holt.

- Inzwischen weiß ich, dass *Tiere in Not* immer Überraschungspakete sind, deren (Fehl-)Prägungen so schwerwiegend sein können, dass sie kaum vom Profi und manchmal eben gar nicht therapierbar sind. Chico hatte sicher sehr schlechte Erfahrungen mit Schulkindern gemacht, was mir noch immer das Herz bricht. Doch obwohl wir diese Zusammenhänge sehen, ging es nicht mehr.

- Rückblickend würde ich mich weniger angreifen lassen – die Leute aus dem Tierschutz, mit denen wir es zu tun hatten, konnten unsere Lage nicht nachvollziehen. Ich weiß, wir haben alles (auch finanziell) getan, im Rahmen unserer Möglichkeiten.

- Ich vertrete mein Nein inzwischen gut vor mir selbst, da wir zum Schluss nichts mehr geben konnten und auch die Bindung zu meinem Baby stark beeinträchtigt wurde, da meine ganze Aufmerksamkeit bei Chico war.

Last-Minute-Neins

Last-Minute-Neins sind besonders heikel, weswegen sie oft in Film und Fernsehen Verwendung finden (siehe *Die Reifeprüfung* oder *Die Braut, die sich nicht traut*). Sie beladen die Schlüsselszenen mit Spannung, denn spätestens hier muss die Hauptfigur eine Entscheidung treffen, um die sie sich die letzten 89 Minuten zuvor gedrückt hatte. Obwohl wir Zuschauer natürlich gleich gewusst haben, dass ohne Nein alles Murks ist.

Lieber ein unschönes Nein als ein unschönes Leben!

Egal, ob Sie nun vorm Altar stehen, kurz vor der Unterzeichnung eines Kaufvertrags, der Zeugung eines Kindes oder dem Atomknopf – der Druck auf Sie als Entscheider ist beim Last-Minute-Nein besonders hoch. Denn Ihr Nein hat weitreichende, oft existenzielle Konsequenzen und die Vorteile Ihres *Ja* für andere drohen in letzter Sekunde zu platzen …

Kim stand kurz vor einer lebensverändernden OP – der Entnahme ihrer Schilddrüse. Das Organ machte ihr seit ihrem 28. Lebensjahr plötzlich Ärger und nachdem sie ein Jahr lang Tabletten gegen die lebensgefährliche Überproduktion von Hormonen eingenommen hatte, glaubten die Ärzte nicht mehr an Heilung.

Statistisch gesehen, sagten sie, stünden die Chancen für eine Remission dieses Krankheitsbildes bei null. Und selbst wenn, könnten Ereignisse wie eine Schwangerschaft – falls diese unter der unsicheren Lage ihres TSH überhaupt eintreten sollte – das Ganze wieder auslösen. Also erklärten sie Kim, ihr stünden zwei »Therapieoptionen« zur Wahl: Die *Radio-Jod-Therapie* oder die operative Entfernung des hyperaktiven Organs. Beides sei *Standard*, ergänzte ihr Endokrinologe und erklärte die Behandlungen im Detail.

Bei der RJT würde Kim eine radioaktive Kapsel schlucken, die ihr Schilddrüsengewebe zerstörte, und danach 14 Tage auf der Isolierstation eines Krankenhauses verweilen, bis sie selbst nicht mehr strahlte. Bei der operativen Entnahme waren ihre Stimmbänder in Gefahr, und in beiden Fällen würde sie danach ihr Leben lang künstliche Schilddrüsenhormone einnehmen müssen, denn ganz ohne ging es natürlich auch nicht. Immerhin ist die Schilddrüse unser hormonelles Steuerorgan und für allerlei Prozesse im Körper verantwortlich, gerade bei Frauen.

Kim fand beide Vorstellungen furchtbar!

Doch auf Druck der Ärzte willigte sie schließlich in die Operation ein, sonst drohten ihr weitere gesundheitliche Risiken, von Bluthochdruck bis Schlaganfall. Denn die Medikamente waren ebenfalls keine Dauerlösung und konnten ihr Knochenmark schädigen, neuerdings litt Kim als Nebenwirkung bereits an einer üblen Nesselsucht.

So lag sie bald auf ihrem Bett, das in den OP geschoben wurde, und als der Anästhesist auf sie zukam, nahm Kim all ihren Mut zusammen und sagte, sie habe sich zu 100 Prozent gegen die OP – und endgültig gegen eine endgültige Behandlung entschieden. Alle Beteiligten waren stinksauer, und der Operateur beschimpfte Kim seine Zeit gestohlen zu haben.

Für den Nein-Kongress hat sie alles fünf Jahre später noch einmal reflektiert:

- Ich würde es jederzeit wieder so machen, denn drei Monate später verschwand die Überfunktion und ein Jahr später war ich schwanger. Alle hormonellen Prozesse wie Geburt, Stillen und Abstillen verliefen ohne Probleme.
- Ich hatte das untrügliche Gefühl, dass damals privater Stress der Auslöser gewesen war (ich hatte entdeckt, dass mein damaliger Freund verheiratet ist). Sowie sich dieser Schock gelegt hatte, ging es auch gesundheitlich wieder bergauf.

- Ich habe großen Respekt vor den Ärzten und glaube auch, dass mein Verlauf selten ist, aber vollkommene Heilung ist möglich! Ohne mein Nein gäbe es meinen Fall nicht und die Hoffnung, die ich anderen Patienten machen kann!

- Für mein Selbstvertrauen und das in meinen Körper war es eine unschlagbare Erfahrung, die ich ohne Nein nie hätte machen können.

- Ich bin unfassbar stolz, dass ich mich getraut habe, etwas abzulehnen, das letztlich nur mich betrifft, denn nur ich stecke in diesem Körper! Und wer weiß, ob es mein Kind sonst heute gäbe und es gesund wäre?!

- Obwohl mich alle für verrückt erklärten und ich mir einen neuen Endokrinologen suchen musste, weil der alte mich als *therapieresistent* bezeichnete und sich später meine Normalwerte nicht einmal ansehen wollte, kann ich nur appellieren, sich bewusst zu machen, dass man zwar medizinischer Laie ist, aber es beim Ja oder Nein um das Intimste überhaupt geht – ein eigenes Organ! Mein Nein hat meine Schilddrüse beschützt, sodass sie heilen konnte – vielleicht gerade dadurch?

Risiken und
Neinwirkungen

Übergriffigkeitstypen

Wie wir in den No-Storys gesehen haben, ist so ein Nein-Leben bunt! Abgesehen von den eigenen Kämpfen und unvorhersehbaren bis bizarren Lebenslagen, in denen das Neinsagen erforderlich werden kann, konfrontiert uns das Leben auch immer wieder mit den dazugehörigen Menschen, gegen die wir uns abgrenzen müssen. Leider können Sie die Operateure, Frederiks, Nachbars und Katzengeschäftsreisefrauen dabei weder beeinflussen noch ändern. Aufgrund ihrer eigenen Prägungen nämlich sind diese schwer oder gar nicht erst in der Lage zu sehen, dass sie in *Ihrem* Kreidekreis stehen. Es gibt sogar solche, die es mit Freude tun, sobald sie wissen, wo dieser verläuft!

Letzten Endes aber macht es für Ihren Umgang mit ihnen auch keinen Unterschied, ob diese Menschen Ihnen (und ganz sicher auch anderen!) gegenüber versehentlich oder absichtlich übergriffig werden (Problem). Konzentrieren wir uns daher also auch hier wieder einzig und allein auf die Lösung. Und die heißt konkret: Sortierung!

Wie auch bei unbekannten Flugobjekten ist es sinnvoll, auch feindliche Nein-Gefahren im ersten Schritt klar zu identifizieren. Vielleicht kennen Sie auch das alte Sprichwort: *Gefahr erkannt – Gefahr gebannt!*?

Die folgende Kategorisierung wird Ihnen dabei helfen, Übergriffigkeitstypen aller Art schnell zu benennen und Individuen so den Schrecken zu nehmen. Die hier erstellte Typisierung ist natürlich keineswegs vollständig, bildet aber jene Arten ab, die innerhalb der Spezies *Übergreifer* am häufigsten vorkommen. In den meisten Fällen werden Sie sich mit den ersten vier der folgenden Gruppen (Verharmloser, Ja-Hoffer und Ignoranten, Kümmerer, Grenzenlose) konfrontiert sehen, die Härtefälle (Skrupellose, Extreme) sind gottlob eher selten. Schnell werden Sie Übung darin bekommen, diese zu erkennen und erfolgreich abzuwehren.

Ich stelle Ihnen die sechs hier einmal vor.

Der Verharmloser

Beim Verharmloser handelt es sich um jemanden, gegen den Sie sich abgegrenzt haben und der Sie sehr wohl gehört hat, aber nicht willens ist, dies zu akzeptieren.

Oft steckt dahinter die eigene Ohnmacht des Verharmlosers, der sich selbst in einer ähnlichen Situation nicht hat abgrenzen können und Ihre Abgrenzung nun herunterspielen muss, um sich dies nicht einzugestehen (Sie erinnern sich an die kreativen Abwehrmechanismen der Psyche?).

Johanna war im vierten Monat schwanger, als sie bei ihren Schwiegereltern zu Besuch war. Sie selbst war zuvor von ihrer Frauenärztin aufgeklärt worden, was man in der Schwangerschaft so alles nicht essen und trinken sollte, um das ungeborene Kind keinesfalls zu schädigen. Käse aus Rohmilch (Listerien) oder Salami (Toxoplasmose) zum Beispiel. Auch auf Koffein verzichtete sie neuerdings, was Johanna anfangs durchaus schwerfiel, doch ihre Mutterliebe gewann. Johannas Schwiegermutter nun meinte es auch und auf ihre Art besonders gut mit ihr und hatte der werdenden Mutter eine üppige Kaffeetafel kredenzt: starker Espresso, selbst gemachtes Tiramisu und ein Glas Sekt für den Kreislauf!

Johanna wurde schon beim Anblick blass, denn wie viele Mädchen ihrer Generation war sie zu Etikette erzogen worden, und saß nun zwischen den Stühlen. Was sollte sie tun – ihr ungeborenes Kind beschützen oder ihrer Schwiegermutter gefallen, die sie nicht kränken wollte? Alte und neue Werte kollidierten und ihre bisherige Unfähigkeit, sich abzugrenzen, traf auf ihre nagelneuen Mutterinstinkte.

Schließlich aber lehnte sie eine Köstlichkeit nach der anderen ab, mit wissenschaftlicher Begründung. Den Kaffee, damit er keine

Wehen auslöste, das Tiramisu, weil rohe Eier darin waren (Salmonellen), und den Sekt, weil er Alkohol enthielt.

Johannas Schwiegermutter war tödlich beleidigt und sagte: »Das bisschen! Stell dich bitte nicht so an!«

Als Johanna aus lauter Verzweiflung den Handzettel ihrer Frauenärztin hervorzog, damit die Schwiegermutter ihre Ablehnung weniger persönlich nahm, eskalierte die Sache. Ihre Schwiegermutter kritisierte, was »für ein Geschiss« heute ums Kinderkriegen gemacht würde, und dass sie selbst in der Schwangerschaft mit Johannas Mann sogar geraucht hätte – ohne, dass etwas passiert wäre!

Dass Johannas Schwiegermutter zuvor drei Fehlgeburten erlitten hatte und ihr Sohn ein Frühchen gewesen war, und bis heute an einem mysteriösen Husten litt, wollte sie nicht sehen.

Die Ja-Hoffer und Ignoranten

Bei diesen beiden Gruppen ist der Übergang fließend – daher fasse ich sie hier zusammen.

Bei ihnen handelt es sich ebenfalls um Menschen, bei denen Ihr Nein durchaus angekommen ist, die Ihnen jedoch nicht zugestehen, dass Sie dies wirklich meinen oder dauerhaft durchziehen werden. Kurz, man nimmt Sie nicht ernst, denn diese Spezies hat vor einem Nein keinen Respekt.

Sie lauern kontinuierlich darauf, dass Sie Ihre Meinung noch ändern, und versuchen, Sie dahingehend zu beeinflussen. Dies geschieht oft auf eine freundliche, immer wieder ermunternde und vermeintlich humorvolle Art ...

Uli hatte sich entschlossen, auf seinen alljährlichen Segeltörn mit »seinen Jungs« zu verzichten, da er zum ersten Mal Vater geworden war.

Seine Kumpels, teils frustrierte, untreue Familienväter in langjährigen Ehen, konnten es nicht verknusen, dass Uli abtrünnig wurde. Sowohl in Sachen Boot, vor allem aber in seinen Werten. Konfrontierte er sie so doch indirekt mit ihrem eigenen, egoistischen Verhalten als (junge) Väter.

Nach seiner Absage bombardierten sie ihn täglich via Handy mit Running Gags, Karikaturen, wiederholten Nachfragen und Fotos all der Dinge, die er in ihren Augen verpasste. Bis zum Ablegen des Bootes animierten und foppten sie ihn immer wieder – und versuchten, seine Knöpfe zu drücken, indem sie ihn bei den Themen Männlichkeit, Freiheitsdrang und Kameradschaft zu packen versuchten.

Sie unterstellten ihm, unterm Pantoffel zu stehen, und versuchten, ihm Angst einzujagen, dass er ihrer erworbenen Expertise nach gerade jetzt Kraft für das leidige Familienleben tanken müsse.

Uli hatte dem nichts entgegenzusetzen – wollte er doch zum einen sein Privatleben schützen und keine Babyfotos versenden, zum anderen hätte es für seine Truppe umgekehrt keine Bedeutung gehabt, diese zu sehen. Also auch keinen Effekt, um seine Abgrenzung zu untermauern.

Uli blieb standhaft – zum Preis dessen, dass er seine Partyfreundschaften einbüßte, aber ein erfülltes Familienleben bekam. Denn er war seiner neuen Priorität treu geblieben und tat dies nicht seiner Frau oder seinem Kind zuliebe – sondern seiner eigenen Überzeugung.

In den Kommentaren der Ja-Hoffer und Ignoranten steckt immer deren eigene Wahrheit!

Die Kümmerer

Kümmerer sind im Grunde ihres Herzens ebenfalls Ja-Hoffer und Ignoranten, arbeiten darüber hinaus aber mit zwei weiterentwickelten Strategien: kümmern und Hilfe anbieten.

Seien Sie also skeptisch, wenn jemand häufig darauf aus ist, Ihnen das Leben zu erleichtern – der Kümmerer tut dies, um Sie, in seinen Augen, mit »Schulden« bei ihm zu belasten. Früher oder später wird er umgekehrt Ihre Hilfe einfordern! Gegebenenfalls genau dann, wenn es Ihnen nicht passt, und in einer Größenordnung, die in keinem Verhältnis steht (er hat Sie einmal im Regen zur Bushaltestelle mitgenommen, nun sollen Sie übers Wochenende seine ganze Familie bei sich einquartieren). Der Kümmerer gibt sich gerne selbstlos, lebt jedoch vom Gefühl, gebraucht zu werden, und Ihrer Dankbarkeit und vergisst nie! Um nicht in seine Fänge zu geraten, bleiben Sie stets freundlich, aber unabhängig.

Um das Helfersyndrom eines Kümmerers von anderen Menschen zu unterscheiden, die sich wirklich altruistisch ein Bein für Sie ausreißen, können Sie folgende Faustregel nutzen:

Echte Hilfe orientiert sich immer am Hilfesuchenden, pathologische Hilfe an den Bedürfnissen des Helfers.

Regina war schon lange fester Bestandteil ihrer Firma und vor allem für ihre Autonomie und Durchsetzungsfähigkeit bekannt. Als eine Grippe die toughe Unternehmensberaterin lahmlegte, waren ihre Kollegen besorgt, doch so elend sich Regina fühlte, so gut wusste sie auch, dass ihr am besten Rückzug, Schlaf, heiße Bäder und Hühnersuppe helfen würden. Und so wünschten alle ihr bloß: »Gute Besserung!«

Nur ihre Arbeitskollegin Tanja konnte sich so gar nicht vorstellen, dass man auch als Single im Krankenstand überlebensfähig ist. So machte sie kurzerhand für Regina einen Arzttermin, brachte ihr ungefragt Hühnersuppe, leistete ihr Gesellschaft, wollte sie mit Tigerbalm einreiben und meldete Regina in der Firma noch einen Tag länger krank, als der Arzt es für nötig befand, damit sie sich schone.

Als Regina, ihrer Autonomie beraubt, nun deutliche Worte finden musste, schluchzte Tanja (in Angst vor eigener Krankheit und Hilflosigkeit) herzzerreißend: »Ich meine es doch nur gut – ich wollte dir wirklich nur helfen!«

Wenn jemand Ihnen etwas Gutes tut, das Ihnen aber nicht dient, ist auch dies übergriffig! Denn auch hier stellt sich die Frage: Für *wen ist es gut?*

Etwas kürzer gefasst – und falls Sie Französisch statt Latein hatten:

Cui bono? (Lateinisch für »Wem zum Vorteil?« Im Volksmund:»Wem nützt es?«)

Die Grenzenlosen

Die Grenzenlosen leiden schlicht an der Kreidekreis-Blindheit. Sie können ihre eigenen Grenzen nicht sehen und daher auch nicht die anderer Menschen.

Als Jana mit ihrem Freund zusammenzog, wusste sie kaum, wie ihr geschah. Workaholic Leonard entpuppte sich als Grenzenloser! Kaum, dass sie zusammenlebten, ging er nach Belieben an Janas Handy und Portemonnaie, nahm sich ungefragt Geld heraus und ihren Bibliotheksausweis, stapfte ins Bad, wenn sie gerade auf dem Klo saß, und sprach mit ihr, wenn sie gerade eingeschlafen war. Alle Versuche, darüber zu sprechen und ihm die Problematik für sie bewusst zu machen, endeten damit, dass Jana in sein vollkommen verständnisloses Gesicht sah – bis sie sich trennte.

Die Skrupellosen

Die Skrupellosen zeichnen sich dadurch aus, dass sie sich insgeheim händeringend nach Grenzen sehnen. Und diese regelrecht suchen, indem sie Ihre übertreten. Zur Sicherheit gerne gleich mehrmals.

Wenn Sie keine Grenzen setzen, gibt es keine.

Ein Merkmal, das seinen Ursprung nicht selten in einer frühen Entwicklungsphase hat, in der nahe Bezugspersonen es versäumt haben, solchen Kindern Grenzen zu setzen – die übrigens auch Orientierung, Vertrauen und Geborgenheit schaffen.

Wie Macht sind auch Grenzen nichts Schlechtes!

Wie Geld sind sie grundsätzlich neutral – erst, wenn wir sie für etwas einsetzen, geben wir ihnen eine Bedeutung.

Kinder und Erwachsene wollen sich nicht als grenzenlose Wesen verstehen, sondern suchen Halt durch Begrenzung, um sich in der riesigen Welt frei bewegen, aber auch fest verankern zu können, wie ein Seestern. So, wie wir von Natur aus äußere Grenzen erkunden (unser Gitterbett, ein neues Viertel, andere Länder), tun wir dies auch in unserem Innern (Belastbarkeit) und eben im zwischenmenschlichen Bereich.

Sicher kennen Sie selbst von früher einige Jungs, die mit großer Hingabe Mädchen ärgern. Denn dort gehört dieses Verhalten auch hin: Wir übertreten – zunächst einmal versehentlich, meist schon als Kleinkind – die Grenze eines anderen (zum Beispiel die der Mama, die wir an den Haaren ziehen) und bemerken erst durch den Hinweis des Geschädigten (»Lass das, das tut der Mama weh!«), wo unser eigener Raum endet.

Bei den größeren Jungen später kommt nun noch die gegengeschlechtliche Erkundungskomponente hinzu, aber auch die der Macht. Denn je nachdem, auf welche ihrer wahllosen Ärgereien so ein Mädchen am heftigsten reagiert, wiederholen sie ihr Tun. Denn sie haben eine Reaktion erzeugt! Auch, wenn diese nicht positiv ist.

Hier nun kann es leider sein, dass Eltern ausschließlich auf negatives und extremes Verhalten reagiert haben, um grenzmäßig aktiv zu werden und ihrer Aufgabe als Elternteil (»Komm, ich zeig dir dein Königreich«) nachzukommen.

Manche Menschen haben diese Phase auch als Erwachsene nie abgeschlossen, andere – durch Provokation – indirekt förmlich um

Grenzen zu *bitten* und damit um die Erfahrung, sich selbst zu verstehen. Bildlich gesprochen haben die Skrupellosen letztlich wenig andere Möglichkeiten kennengelernt, mit ihrer Umwelt zu interagieren, als sich bis zum Rand der Klippe vorzuschieben und nur am ängstlichen Kreischen der Schaulustigen zu erkennen, dass sie zu weit gegangen sind.

Martha war Grafikerin und wollte nach der Geburt ihrer Zwillinge endlich wieder zurück in den Job! Nachdem ihre Kinder das Kindergartenalter erreicht hatten und sich bis zum frühen Nachmittag zuverlässig in der Betreuung befanden, entdeckte sie einen Teilzeitjob mit 20 Wochenstunden im Homeoffice. Ideal für Martha, die wusste, dass es in der Branche eigentlich nur »ganz oder gar nicht« gab – und »ganz« bedeutete bis nachts um eins und an den Wochenenden.

Nachdem sie sich offiziell beworben hatte, interviewte man sie per Videoschaltung. Das Gespräch war nett, aber schon hier stieß Martha auf, dass man sich ihre sorgsam zusammengestellten Referenzen mitsamt Vita und kreativer Mappe nicht einmal angeschaut hatte, sondern lediglich ihre E-Mail, ob sie diese schicken dürfe. Zudem irritierten Martha einige Fragen (nach ihrem Sternzeichen, ihrem Familienstand und zu einzelnen Gegenständen im Hintergrund ihrer Wohnung). Auch ließ Martha einige persönliche Beurteilungen über sich ergehen, die sie ebenfalls leicht befremdlich und ohnehin unzutreffend fand (»Ich sehe schon, du bist eine, die Druck braucht!«, »Wie 40 siehst du aber nicht aus!«).

Letzten Endes wurde ein Probearbeiten vereinbart, auf das Martha sich sehr freute und besonders froh war, dass sie dieses – unabhängig von ihrem Mann – innerhalb der Kitazeiten realisieren konnte. Man fragte sie nach ihrem Stundensatz, und da Martha reichlich Berufserfahrung und einige Preise eingeheimst hatte, An- und Abfahrt, Kosten für Kinderbetreuung, Steuern als Selbstständige und ihre Versicherungen einkalkulierte, kam sie auf 70 Euro brutto pro Stunde, was sicher verhandelbar, aber keinesfalls unverschämt war – der übliche Branchensatz freier Mitarbeiter lag üblicherweise bei rund 95 Euro.

Nachdem Martha alles für die kommende Woche organisiert hatte, rief die Agentur schon am Samstagabend um 21 Uhr an und fragte, ob Martha nicht schon ab morgen kommen könne –»die Hütte brennt«. Martha brach der kalte Schweiß aus, aber sie organisierte es irgendwie, vor allem kostspielig, um nicht sofort durch die Mutterschaft in Ungnade zu fallen. Denn ihr Mann war beruflich verreist.

Aus den vereinbarten zwei Wochentagen wurden fünf mit Wochenende, statt täglich sechs Stunden neun und pro Stunde zahlte man ihr 30 Euro. Von denen sie für die in der Agentur üblichen Essensdienste nicht wenige zwangsweise gleich wieder ausgab. Denn heimisches Vorkochen schaffte selbst Martha jetzt nicht mehr. Als sie samstags wieder einbestellt wurde, musste Martha bedauern, dass sie diesmal nicht könne.

Als Martha montags, nach einer Woche vernachlässigter Kinder, überstrapazierter Erzieher und neuer Augenringe, aber voller glühender Hoffnung auf ein neues Berufsleben, bei letztlich voll erbrachter Leistung nochmals zum Gespräch gebeten wurde, teilte die Agentur ihr mit, man habe sich für jemanden entschieden, der – offen gestanden – nicht ständig »Urlaub« bräuchte.

Den Skrupellosen fehlt jegliche Selbstreflexion – und so werden Sie ihnen öfter zum Opfer fallen, je größer Ihre Geduld ist und je stärker Sie an das Gute im Übergriffigen glauben – immer in der Hoffnung, dass der andere ganz von alleine bemerkt, dass er seine Ansprüche an andere überprüfen muss. Leider wird dies nie geschehen, denn der Skrupellose geht immer so weit, wie er kann. Höher, schneller, grenzenloser!

Seiner Ansicht nach sind Sie sogar *selbst schuld*, wenn Sie ihm keinen Einhalt gebieten. Erst dann wird er Sie ernst nehmen – wenn überhaupt. Er hat keinerlei Gespür oder Interesse fürs *Geben und Nehmen*, da sein narzisstisches Ego immer gut ohne diese Balance gefahren ist. Eine Freundschaft mit anderen mag daraus nicht entstehen, sein eigener Vorteil aber ist gesichert. Und so wird das Einrennen von Grenzen bei manch Skrupellosem zur Lebensstrategie.

Die Extremen

Mit dieser Spezies werden Sie es hoffentlich nie zu tun bekommen, hierunter fallen zum Beispiel Sexualverbrecher und Stalker. Diese werten selbst Ihre Abgrenzungshandlungen noch als Zuspruch! Meist brauchen Sie ihnen gegenüber Hilfe von außen (Polizei, Gericht), um Ihre Grenzen errichten, verteidigen und wahren zu können.

Die einzig gute Nachricht hier: Je drastischer Sie angegangen werden, desto drastischer dürfen, können und müssen Sie sich auch abgrenzen!

Für alle Typen gilt:

- erkennen,
- einordnen,
- Strategie überlegen,
- konsequent bleiben.

Gehen wir hier davon aus, dass Sie es also hoffentlich nur mit den ersten vier Kategorien zu tun bekommen – bei Kontakt mit den *Extremen* holen Sie sich bitte schnellstmöglich professionelle Hilfe (Institutionen, Staat und Therapeuten)! Bei Erfahrungen dieser Art liegt es niemals an Ihnen, wenn Ihre Grenzen übertreten wurden!

Für die restlichen »harmlosen« Sorten gilt:

Sehen Sie alle als Ihre Nein-Engel an!

Jeder dieser Menschen, auf den Sie treffen und mit dem Sie sich herumschlagen, ist exklusiv in Ihrem Leben anwesend, um Ihnen bei der gewünschten Persönlichkeitsentwicklung zu helfen. Diese Sicht nämlich macht den Umgang mit ihnen sofort leichter, denn nun sind Sie nicht länger Opfer, sondern gewissermaßen deren »Arbeitgeber«. Stellen Sie sich einfach vor, jemand hat sie Ihnen geschickt, oder noch besser, Sie haben sie allesamt selbst in Ihr Leben bestellt, um an ihnen zu üben. Gemäß dem Motto:

Bist du nicht mein Freund, bist du mein Trainer.

Sobald Sie einige Male einen bestimmten Typus identifiziert haben, können Sie diese Technik verfeinern – und zielgerichtet als Filter benutzen. Als Brille, die rosa Mäuse sichtbar macht. Schon bald werden Ihnen immer mehr rosa Mäuse auffallen. Und irgendwann wissen Sie es sogar schon vorher: Oh, jetzt kommt gleich wieder so eine rosa Maus vorbei! Und können sich darauf einstellen.

Denn wenn Sie es nicht länger mit Onkel Alfons zu tun kriegen, sondern einem Ignoranten, oder einer Vertreterin der Kümmerer statt mit Tante Hannelore, sinken umgekehrt auch Ihre Skrupel, sich abzugrenzen.

Übung macht den Neinster!

Um diese Vorgehensweise noch weiter zu vertiefen, können Sie sich weitere Fragen stellen. Sobald Sie zum Beispiel wahrnehmen, dass Sie es besonders oft mit einem Ignoranten zu tun kriegen, lohnt sich die Rückschau auf eine *Referenzperson* dazu in Ihrem Leben. Kommt Ihnen Ihre Chefin oder die Vorsitzende des Elternbeirats irgendwie bekannt vor? Hat sie Züge, Haarfarbe, Stimme oder den missbilligenden Blick Ihrer Mutter oder Schwester? Wer in Ihrer Familie hat früher Ihre Grenzen infrage gestellt, missachtet, sich lustig gemacht oder sonst wie mit Füßen getreten? Tut dies gar noch heute?

Es können äußere, aber vor allem auch innere Charaktereigenschaften sein. Identische Nuancen, von denen Sie sich unbewusst angezogen fühlen und daher vermehrt mit diesen Menschen und ihren übergriffigen Mustern in Berührung kommen, weil sie Ihnen *vertraut* sind. Auch Negatives kann uns vertraut sein! Und auf eine destruktive Art und Weise Sicherheit erzeugen.

In welcher seelischen Zeitschleife sitzen Sie fest?

Wenn es Ihnen gelingt, das dazugehörige Gefühl *in sich selber* abzustellen, weil Sie nicht länger glauben, dieses Verhalten tolerieren, gar ertragen zu müssen, wird dieser Typus nach und nach aus Ihrem Leben verschwinden!

Denn dann erreichen Sie ganz nebenbei einen Höhenmeter, bei dem andere neben Ihnen Sauerstoff brauchen: Die abgegrenzte *Ausstrahlung*! Eine Art chronischer Tarnumhang, der Sie auch für Tütensuppentester, Zeitungsabomenschen und Fitnessstudiowerber in Fußgängerzonen unsichtbar macht. Welche Sie am Ende Ihrer Nein-Reise erst gar nicht mehr ins Visier nehmen werden.

Um dies wiederum zu begünstigen und beschleunigen, sollten Sie sich außerdem darauf einstellen, dass alle diese Typen unterschiedliche Erreichbarkeiten haben. Manchmal reicht ein kleiner Hinweis »Betreten verboten!«, ein anderes Mal müssen Sie eine Mauer bauen, damit Ihre Botschaft ankommt. Gerade, wenn Sie selbst feinfühlig sind, kann Sie die »Nein-Schwerhörigkeit« anderer erstaunen!

In diesem Sinne können Sie also auch umgekehrt bereits Ihr Verhalten anpassen, sobald Sie spüren, dass Unliebsames – ganz gleich durch welchen Typus – auf Sie zukommt, das heißt pauschal, dass jemand mehr von Ihnen möchte als Sie von ihm. Bedenken Sie daher: Was für Sie ein höfliches Lächeln ist, ist für jemand anderen eine Einladung in Ihr Leben!

Achten Sie auf Ihre Signale.

Das schlechte Gewissen

Falls Sie ein schlechtes Gewissen plagt, nachdem Sie sich abgegrenzt haben, ist das ein voller Erfolg! Denn es bedeutet:

Sie haben Nein gesagt.

Und zwar so, dass es bei einem anderen Menschen etwas bewirkt, auch wenn Sie im Moment noch Angst vor Ihrer eigenen Courage haben. Keine Sorge, das vergeht! Betrachten Sie es als Startschwierigkeiten. Sie werden sich nach und nach daran gewöhnen, so wie an eine neue Frisur. Denken Sie mal an Ihren Führerschein zurück: Sicher waren Sie vor der ersten Fahrstunde, oder zumindest der ersten Autobahn-, Überland- oder Nachtfahrt auch aufgeregt. Oder beim Anfahren am Berg und den ersten Runden im Parkhaus. Vielleicht befürchteten Sie sogar, einmal einen Autounfall zu verursachen. Doch mit der Zeit sind Sie immer sicherer geworden. Das Schauen, Blinken und Schalten im Straßenverkehr – kurz, Sie hinterm Steuer – ist Ihnen vertraut geworden und irgendwann haben Sie sogar die Kapazität entwickelt, sich neben dem Suchen einer Straße noch über andere Fahrer aufzuregen. Und dabei zu hupen. Und ich vermute nicht, dass Sie wegen eines Strafmandates je darüber nachgedacht haben, es wieder aufzugeben. Denn trotz Ihrer anfänglichen Nervosität und vielleicht sogar mancher Fauxpas ist das Fahren fester Bestandteil Ihres Lebens geworden, der Ihnen erlaubt, dieses in einem größeren Radius und mit mehr Möglichkeiten zu führen.

So verhält es sich auch mit dem Neinsagen! Sie machen gerade den *Nein-Führerschein*.

Und wie beim Autofahren auch: Sie sind mit dem Erwerb aller Kenntnisse zu den Regeln, Tücken und Gefahren und nachdem Sie Ihre noch wackeligen, aber dennoch ausreichenden Fähigkeiten in einer praktischen Fahrprüfung unter Beweis gestellt haben, nicht am Ende Ihrer Fahr- beziehungsweise Nein-Karriere angelangt. Sondern erhalten die Lizenz zum eigenständigen Weiterlernen. *Learning by Doing, Trial and Error!* Erst die tägliche Praxis und Wiederholung mit ihren zuweilen ärgerlichen, vorwiegend aber positiven und vor allem nützlichen Effekten für Sie macht Sie zum routinierten Verkehrsteilnehmer, ergo Neinsager. Der irgendwann auch in brenzligen und fordernden, unvorhersehbaren Situationen blitzgescheit, superschnell und goldrichtig reagiert!

Richtig ist ein Nein, wenn es Ihnen dient.

Und nicht zwangsläufig dann, wenn Ihnen die *Umsetzung* keine Bauchschmerzen bereitet. Was zählt, ist letzten Endes, ob das Nein die Antwort Ihrer Seele wiedergibt.

Und natürlich kann es sein, dass jemand darauf mit Unverständnis reagiert. Doch genau das dürfen Sie jetzt auch neu bewerten:

**Schlimm ist nicht die Reaktion eines anderen
auf Ihr Nein.
Schlimm wäre Ihr Nicht-Nein für Sie!**

So kann es sein, dass Ihr schlechtes Gewissen auch daher rührt, dass Ihr Kreidekreis noch immer ver-rückt ist, das heißt, Sie fälschlicherweise mit Ihren eigenen Gefühlen und Grenzen nicht bei sich, sondern einem anderen Menschen sind, und seiner (möglichen!) Perspektive. Doch in Wahrheit kennen Sie diese nicht einmal.

Da wir letztlich immer nur uns selbst spüren können, könnte es sein, dass Sie sich autoaggressiv für ein Ja verbiegen, weil Sie den anderen als hilflos erachten (denn nur dann würden Sie selbst vielleicht um einen Gefallen bitten!). In Wahrheit aber ist es für den anderen vielleicht schlicht Gewohnheit, seine Aufgaben auf andere auszulagern, um selbst ein bequemes Leben zu führen. Denn auch solche Prägungen gibt es (siehe Übergriffigkeitstypen).

Und dass gerade wir mit unserer ANS an genau so jemanden geraten, ist wahrscheinlich, denn, wie schon gesagt, alles auf der Welt strebt, entsprechend physikalischer Gesetze, nach Ausgleich. Plus und minus, Yin und Yang.

Daher sollten Sie Gefühle wie Mitleid vernachlässigen und Ihr Nein lieber auf der Basis dessen entscheiden, was Sie *hundertprozentig* beurteilen können: sich!

Dann wird Ihr Nein Ihnen und anderen – am Ende des Tages – immer mehr nutzen als schaden.

(Zettel/Stift:)

Mein Nein ist immer für mich.

Falls Sie sich Ihrem Leben lange ausgeliefert gefühlt haben, kann es auch die ungewohnte Macht sein, die Sie anfangs erschreckt.

Denn dann realisieren Sie nun erstmals die Konsequenzen Ihres *wahren eigenen* Denkens, Fühlens und Handelns in der Welt. Eine Freiheit, die zunächst befremdlich sein kann, denn nun lenken Sie sich und werden nicht mehr von außen gelenkt. Und so wie beim Schlittschuhfahren auf kippeligen Kufen – oder eben genau wie ein Held, der seine bislang ungekannte Superkraft neu entdeckt – müssen Sie nun erst lernen, damit umzugehen und sie zu dosieren.

Scheuen Sie sich nicht, etwas für sich zu bewirken!

Kommen wir zu der Sache mit der Katzenpension.

Vielleicht haben Sie diese im Kapitel »Nein zu Nachbarn« schon vermisst. Allerdings gehört sie genauso hierhin, denn an diesem Beispiel möchte ich den Faktor *Selbstwert* ins Spiel bringen, der Sie zusätzlich vom schlechten Gewissen befreit!

Ihre Nachbarin, die Sie über den Flur kennen, bittet Sie also darum, ihre Katzen zu versorgen, während sie auf Geschäftsreise ist. Egal, wie Ihre Entscheidung dazu ausfällt – machen Sie sich bewusst, dass Sie jemand um Ihre Energie und Lebenszeit bittet. Und darum, diese Tätigkeit in *Ihre* Tage einzubauen. Um Tiere zu versorgen, für die ein anderer Mensch grundsätzlich die Verantwortung übernommen hat.

Nun möchte ich bei diesem Fall noch ein wenig differenzieren und betonen, dass diese fiktive Nachbarin nicht plötzlich ins Krankenhaus muss und mutmaßlich auch über einige finanzielle Mittel verfügt, die ihr Betreuungsalternativen ermöglichen würden. Sich also in keiner Notlage befindet.

Aber angenommen, sie bittet Sie um diesen Dienst und Sie können oder wollen *eigentlich* nicht. Weil Sie anderweitig zu tun haben, Kinder oder eine Katzenhaarallergie. Oder, und das ist der einzig relevante Punkt, weil Sie *es einfach nicht machen möchten*. Ohne dass Sie einen besonderen Grund haben. Und ohne Begründung. Denn das ist okay und Ihr gutes Recht auf diesem Planeten!

(Zettel/Stift:)

Ich habe gute Gründe für mein Nein, die nur ich selbst kennen muss.

Das Gefühl, auf das Sie nun zurückgreifen können, um Ihre Ablehnung jedoch *vor sich* zu begründen, sofern es Ihnen noch schwerfällt, mit Ihrem Nein zu der Sache zu leben, ist Ihr *Selbstwert*. Das bedeutet: der Wert, den Sie Ihrem Tun und Ihrer Zeit selbst beimessen.

(Keine Panik, auch *wie* Sie die Sache Ihrer Nachbarin beibringen, besprechen wir noch! Hier geht es erst mal nur um die innere Haltung, die Sie brauchen, damit Ihre Formulierung auch von der richtigen Energie transportiert wird.)

Sie dürfen Ihr Leben für sich selbst nutzen.

Denn selbst unter Gesichtspunkten des Gebens: Vielleicht sind Sie ja gerade dabei, sich passives Einkommen aufzubauen und ein Tierhilfswerk in Rumänien, mit denen sie Hunderten Straßentigern helfen, oder möchten einfach etwas anderes tun, das nur Sie können. Auf der Couch liegen und aus dem Fenster sehen, mit diesem Blick. Wie immer Sie sich entscheiden, wichtig ist, dass *Sie* über sich verfügen und niemand sonst.

Last, but not least gibt es etwas, über das Sie sich ohnehin klar werden sollten oder vielleicht längst sind. Und das sind *Werte*.

Je sicherer Sie sich Ihrer eigenen Werte sind, desto leichter fällt Ihnen der Umgang mit Konsequenzen, wenn Sie diese durch Ihr Nein leben.

Wenn Sie klare Werte haben, mit denen Sie durchgängig verbunden sind, haben Sie stets Rückenwind, wenn ein Nein auf Sie zukommt. Sie benutzen es dann nicht, weil Ihnen etwas nicht behagt, sondern Sie durchdachte Überzeugungen in sich tragen, die dagegensprechen. Und eben für das Nein. Oder dagegen. Unser Ja und unser Nein spiegeln nämlich wesentlich unsere Weltsicht und das, wofür wir (ein)stehen.

(Zettel/Stift:)

Wenn ich Ja zu allem in mir sage, fällt mir das Nein zu allem anderen leicht.

Als da wären, dass Sie Ihre Kraft und Zeit für selbst gewählte Hilfsprojekte aufwenden möchten oder dass Sie finden, Menschen sollten sich nur Tiere anschaffen, wenn sie Fremdkosten für Betreuung aufbringen oder Familienmitglieder dafür einsetzen können. Oder dass die Tiere Ihnen nicht ganz geheuer sind. Dass Sie nur helfen oder nur dann, wenn Ihre Nachbarin im Gegenzug Ihre Pflanzen versorgt. Oder dass Sie generell keinen Kontakt zu Nachbarn möchten, sondern Ihre Ruhe. Es sind *Ihre* Werte (und Gründe) und somit ist jeder davon legitim. Alles, was Sie dazu tun müssen, ist, sich über sie im Klaren zu sein, dann geben Sie Ihnen den Kurs Ihrer Entscheidungen auch in stürmischen Gewässern jederzeit vor.

Je gefestigter meine Werte sind, desto einfacher finde ich hierfür die Worte.

Zusammengefasst werden Ihnen folgende Dinge also helfen, Ihr schlechtes Nein-Gewissen immer weiter zu minimieren:

- Gewöhnung mit Wiederholung,
- Bewusstsein dafür, dass Sie ganz sicher nur Ihr eigenes Nein als Entscheidungsgrundlage spüren können,
- Macht und Selbstwirksamkeit als Selbstverständlichkeit,
- Selbstwert und Selbstliebe stärken,
- Werte-Reflexion.

Ansonsten gilt: Wenn Sie vor etwas Angst haben, ist das eine Einladung Ihres Lebens, dieses Thema anzugehen. In Ihnen – wenn auch gut versteckt – ist also gleichzeitig die Lust vorhanden, sich mit diesem Gefühl zu befassen, es zu lösen und anschließend zu überwinden. Womit Sie einen weiteren Wesenszug Ihres Selbst freisetzen und Ihr Leben bereichern! Somit ist das schlechte Gewissen, sobald Sie es überwinden, ein weiteres Tor in Ihre individuelle Freiheit.

Die Angst davor ist die Lust darauf.

Trauen Sie sich. Und vergessen Sie nicht die Neugier darauf, sich selbst neu zu erfahren! Es steht Ihnen zu.

Neinsamkeit

Neben den gefürchteten unmittelbaren Konsequenzen des Neinsagens ist eine mögliche temporäre (!) Konsequenz: Einsamkeit. Denn Ihr neues, eigentlich altes, Nein wird Sie von Menschen, Aufgaben und Umständen trennen, die es sich in Ihrem Leben gemütlich gemacht haben. Die Sie darin aber *eigentlich* gar nicht wollen und die Ihr *wahres Ich* nie hineingelassen hätte. Der Bruch damit wird sich anfangs auch ungewohnt und daher nicht allzu gut anfühlen! Denn niemand ist gerne unbeliebt und allein, nicht einmal jene Menschen, die Einzelgänger sind und Konflikte scheuen – letztlich.

Damit diese Veränderungen Sie Ihre Entwicklung trotzdem nicht infrage stellen lassen und Sie diese nicht vor Schreck spontan wieder selbst sabotieren, sollten Sie sich, wie bei den Übergriffigkeitstypen, *mental darauf vorbereiten*. Geistige Vorbereitung ist die Allzweckwaffe im Profisport (haben Sie *Cool Runnings* gesehen?) und wird Ihnen die Kraft geben, Ihrer vorübergehend unbehaglichen Realität standzuhalten. Die einfach noch ein Stück weit vor der liegt, die Sie langfristig generieren möchten (Nowana). Wie eine Insel vor dem Festland.

Stellen Sie sich also darauf ein, dass sich Ihr Leben nach den ersten Neins erst einmal leert. Das ist etwas Gutes! Denn es bedeutet nichts anderes, als dass Sie Nein-mäßig Fortschritte machen und sich von alledem befreien, was nicht in Ihren Kreidekreis gehört.

Doch wie auch schon im Zusammenhang mit dem schlechten Gewissen angemerkt, heißen negative Reaktionen von außen nicht, dass Sie auf dem Holzweg sind. Im Gegenteil! In der Bilanz *wollen* Sie ja, dass Menschen, die Ihre Abgrenzung unterwandern, sich auch von Ihnen abgrenzen! Auch, wenn sie dies meist mit Schimpf und Schande tun.

Konkret könnten solche Menschen in Ihrem Umfeld plötzlich sagen: »Ich erkenne dich gar nicht wieder!«, oder: »Früher hast du mir besser gefallen«, oder: »Du bist nicht mehr die Soundso, die ich kannte/in die ich mich verliebt habe/mit der man Spaß haben kann« und so weiter. Lassen Sie sich dadurch nicht verunsichern! Fragen Sie sich lieber:

Für wen wird es schlimmer?

Für Sie? Oder jemand anderen?

Das Neinsagen wird die Belastungen Ihres Lebens glasklar entlarven und vielleicht werden Sie selbst an der einen oder anderen Stelle überrascht sein, aber so ist es eben.

Langfristig und dauerhaft wird Ihr Leben besser sein, wenn Ihr Umfeld ein anderes ist, sofern Sie jetzt unglücklich sind. Und dazu müssen Sie, je nachdem, wie tief Sie bisher in der Ja-Kiste steckten, ein paar lästige Bauarbeiten ertragen.

Halten Sie die Reaktionen und Bewertungen Ihrer Veränderung durch Ihr bisheriges Umfeld aus! Und räumen Sie der Sache Zeit ein!

Wie eine Schlange, die sich häutet, um weiterwachsen zu können, ist es in solchen Phasen ohnehin angezeigt, sich zurückzuziehen. Um danach im neuen Gewand die Bühne des Lebens wieder mit vollem Elan zu betreten. Und dann ganz neue Menschen in Ihr Leben zu ziehen. Die für Sie richtigen nämlich!

Sollten Sie die genannten Phänomene also bemerken, lächeln Sie einfach still, widersprechen den Einschätzungen nicht und freuen sich, dass Sie auf dem richtigen Weg sind. Ihrem!

Wo Ihr Nein ist, ist Ihr Weg.

Die Nein-Apotheke

Hier drin finden Sie jede Menge Pülverchen und Wässerchen, die Sie bei der Selbstheilung unterstützen. Denn Neinsagen ist ein Heilungsprozess! Wie in einer richtigen Apotheke stehen hier hübsch aufgereiht verschiedene Ansätze zur Verfügung – von Nobuli bis Neintibiotika. Betrachten Sie alle diese für Sie gesammelten Methoden als Ihren inneren Medizinschrank, den Sie jederzeit öffnen können. Nach Lust, Laune und Verfassung können Sie beliebig darin stöbern und Medikation und Dosis selbst bestimmen! So, wie es Ihnen gerade am meisten hilft und guttut. Das heißt auch: Sie müssen nicht alles davon machen und schon gar nicht chronologisch, sondern je nach Bedarf.

Als Ihr eigener Nein-Schamane finden Sie allerdings bestimmt schnell Ihre Lieblingstinktur, die Sie gerne in Ihren Alltag integrieren dürfen ...

Nein oder nicht Nein – Entscheidungshilfe

Um ein authentisches Nein aussprechen zu können, das – wenn Sie es sich selbst felsenfest glauben – für Sie die ganze Arbeit macht und Sie abgrenzt, müssen Sie zuvor eine *Entscheidung* treffen. Um Ihnen diese Vorschaltstufe zu erleichtern und nebenbei Ihre Anspruchshaltung ans Leben zu erhöhen (Selbstwert!), möchte ich Ihnen folgende Methode als Entscheidungsgrundlage vorstellen:

Ten – nine – nein!

Genau, wie es klingt, ist es tatsächlich eine Art Countdown.

Sicher kennen Sie die Vorgehensweise, Dinge auf einer Skala zu bewerten (vor allem dann, wenn Sie bislang gern gesehener Gast bei Marktforschungsinstituten waren, deren Mitarbeiter Sie auf der Straße ansprechen) …

Meist haben Sie hier die Möglichkeit, ein Produkt, eine Dienstleistung oder sonstige Erfahrung anhand einer Skala von eins bis zehn zu bewerten. Dies übernehmen wir für die *Ja-Skala*: Eins ist das schwächste Ja und zehn das stärkste.

So eines, das Sie mit jeder Faser Ihres Körpers und Ihres Herzens spüren! Solche *interzellulären* Jas finden Sie idealerweise vorm Altar, zu Ihrem Zuhause oder Ihrer Lebensaufgabe (Wale retten, Podcast aufbauen, Weltreise machen, Kinder kriegen und so weiter). Kurz, zu allem, was Sie wirklich berührt, dem Sie sich aus rein intrinsischer Motivation heraus gerne widmen und womit Sie sich identifizieren können. Das, wozu Sie aufrichtig sagen können: *Das bin ich!*

Denn ab jetzt haben nur noch ebendiese starken Jas und kräftigen Neins Platz in Ihrem neuen, authentischen Leben.

Somit ist im Umkehrschluss alles, was nicht einem Zehner- oder Neuner-Ja entspricht, automatisch ein Nein!

Angenommen, Sie wissen nicht genau, ob Sie zu einer Sache ein Ja oder ein Nein spüren – dann hilft Ihnen diese Methode schnell, effizient und übergriffigkeitstypensicher. Denn meistens sind wir mit Entscheidungen konfrontiert, die auf den ersten Blick im Mittelfeld liegen.

Vielleicht haben auch Sie schon mal heimlich gedacht: »Ja, der Typ könnte gehen«, »Mit dieser Wohnung kann ich mich arrangieren« oder »Es gibt schlimmere Arbeitgeber«. Und haben *Ja* gesagt, weil sich diese Dinge irgendwo zwischen der Fünf und der Acht bewegt haben. Doch damit ist jetzt endgültig Schluss! Denn Sie und Ihr Leben verdienen wesentlich mehr. Ja?

Also: ten - nine – nein!

How-to-no- Formulierungen

Ein gelungenes Nein, das heißt eines, das unmissverständlich ankommt, niemanden kränkt, von dem wir selbst überzeugt sind und das daher unsere Grenzen wahrt, benötigt eine hübsche Verpackung – und macht trotzdem *zero waste*. Denn die Verpackung sind die Worte, in die Sie es wickeln.

Stellen Sie sich das Ganze (Botschaft und Hülle) wie eine Retard-Kapsel vor, die erst im Magen aufgeht, oder wie das Trojanische Pferd (in dem sich die Griechen versteckten, um unbemerkt nach Troja einzudringen): Außen hübsch bunt anzusehen, anmutig oder gar Neugier erweckend – im Innern aber verfolgt es knallhart sein Ziel. Wenn Sie wie ich Schokoladenfan sind, zergeht ein wirkungsvolles Nein zuckersüß auf der Zunge, landet jedoch unnachgiebig und konsequent auf den Hüften! Eine Wundertüte können Sie auch nehmen. Welche Metapher Ihnen auch immer am meisten zusagt – es gibt Formulierungen, bei denen Ihr Gegenüber zunächst das Gefühl hat, Sie täten ihm einen Gefallen. Oder im ersten Moment gar nicht mitkriegt, dass Sie nicht mitmachen werden, obwohl Sie es ihm doch klipp und klar sagen.

Das hat den Vorzug, dass im unmittelbaren Abgrenzungsmoment, den wir ANSler am meisten fürchten, wenig Konfliktpotenzial entsteht. Denn erst nachdem dieser vorbei ist und Sie längst wieder woanders sind, entfaltet Ihr trojanisches Nein seine volle (Langzeit-)Wirkung. Und wie sich das anhören kann, darum geht es nun hier!

Natürlich dienen auch die folgenden Anregungen nur zur Inspiration – denn Ihre Möglichkeiten, sich abzugrenzen, sind zahllos! Sobald Sie das Prinzip verstanden haben, lassen Sie Ihrer Kreativität einfach freien Lauf. Und egal, ob Sie direkt sind, elegant, spontan, blumig, humorvoll oder autoritär – sicher entwickeln Sie schon bald Ihren ganz eigenen Nein-Style …

Zeit gewinnen

Ein probates Mittel, wenn Sie noch keine soliden Formulierungen parat haben (und um in jedem Fall ein reflexartiges, vorschnelles Ja zu verhindern), ist die Möglichkeit, Zeit gutzumachen.

Die unter diesen *No-Saver* fallenden unten stehenden Formulierungen können Sie tatsächlich wörtlich übernehmen, auswendig lernen und zu Ihrem ersten Reflex machen, falls Sie sich mit ausgeklügelten Formulierungen anfangs noch schwertun.

Sie werden sehen: Schon allein die wiederholte Erfahrung, durch sie nicht Ja gesagt zu haben, wird Ihnen helfen!

Und Ihr weiteres Nein können Sie im Anschluss dann ganz entspannt vorbereiten und letztlich zum Beispiel auch schriftlich mitteilen – per Mail, SMS oder mit einem Spickzettel neben dem Telefon …

Ich überlege es mir.

Ich gebe dir dann Bescheid!

Das kann ich im Moment noch nicht sagen.

Dazu melde ich mich baldmöglichst bei dir.

Gerne lasse ich da noch mal von mir hören.

Da denke ich in Ruhe drüber nach.

Ich schlafe mal drüber.

In der Sache komme ich gerne noch mal auf dich zu!

Ich lasse es mir durch den Kopf gehen.

Notlüge

Neben der Möglichkeit, Zeit zu gewinnen, gibt es eine weitere *No-Saver*-Option, die Sie nutzen können, während Sie noch im aktiven Nein-Training sind, sich noch nicht sattelfest fühlen oder hie und da schlicht eine Pause brauchen.

Um es am lange angekündigten Beispiel unserer Katzenpension auf den Punkt zu bringen: »Ich habe eine Katzenhaarallergie.«

So eine Notlüge funktioniert und ist genauso erlaubt wie die Frage an Sie, ob Sie die Katzenpension sein wollen.

Doch wie Sie selbst vielleicht schon beim Lesen hier merken, ist diese Variante ein bisschen unbefriedigend – denn Ihr wahres Ich ist nicht einverstanden. Es möchte sich ja endlich behaupten!

Ein Nein will immer dahin zurück,
wo es herkommt.

Das heißt, es hat einen faden Beigeschmack, wenn Sie Ihrer Nachbarin gegenüber eine Notlüge äußern und Ihrer Freundin später inbrünstig erzählen, dass Sie gar keine Lust haben, Balous Wurmkur vom Tierarzt zu holen und ihm zu verabreichen und Kittys Ernährung auf vegan umzustellen. Denn die Sache ist die: Sie haben sich an entsprechender Stelle nicht getraut und Ihr Ego wird Ihnen sagen, dass Sie feige sind. Nehmen Sie es mit Humor und versuchen Sie es bei nächster Gelegenheit todesmutig mit der Wahrheit in soft, mittel oder stark – aber an den richtigen Adressaten. Denn auch hier können Sie sich wieder fragen »was habe ich zu verlieren? Eine unliebsame Aufgabe und die Gunst eines Menschen, der nicht mich, sondern eine Leistung von mir will, oder mich selbst?«

Nichts ist befreiender als ein geäußertes Nein.

Wenn wir bis hierhin bei der Pflicht waren, kommt jetzt dann nämlich die Kür.

Aktives Nein

Das aktive Nein ist der wohl spannendste Programmpunkt – ähnlich einer Haifisch- oder Krokodilfütterung. Doch keine Sorge, mit den richtigen Schutzmaßnahmen (Formulierung) kommt alles in Ordnung! Greifen wir hierzu noch einmal auf die No-Storys zurück. Denn darin finden sich reichlich Gelegenheiten – und verschiedene Schwierigkeitsgrade –, um ein solides Nein im Einsatz zu zeigen. Sicher sind Ihnen darin schon einige Formulierungen aufgefallen. Hier noch einmal ein Überblick:

Nein zu Spenden

Erinnern wir uns an Ilka, die sich bei der Spendensache bereits sehr gut geschlagen hatte:

»Obwohl ich Ihre Arbeit sehr schätze, ist es mir leider im Moment nicht möglich, Ihr Anliegen zu unterstützen.«

Nein zu Kindern

Oder an Mareike, die keine männlichen Prägungen in der Erziehung mehr übernehmen möchte, sondern ihre eigenen weiblichen Stärken in der Erziehung ausleben will:

»Mein Schatz, als Mama kann ich dir viele tolle Dinge beibringen und schöne Sachen mit dir machen. Allerdings gibt es auch einige Sachen, die der Papa gerne mit dir machen möchte, auch, wenn er gerade nicht da ist. Wenn wir sie aufheben, könnt ihr beide euch schon jetzt darauf freuen! Wollen wir sie vielleicht zusammen aufmalen?«

An den Besuch des Nöl-Eis:

»Mein Schatz, das war ein anstrengender Nachmittag heute für uns alle. Wie wäre es, wenn wir deine Freundin in Zukunft nur noch zusammen mit anderen Kindern einladen – dann wird ihr nicht mehr so langweilig sein und uns auch nicht. Was meinst du? Wer käme da noch infrage?«

An Katja und ihre Zerrissenheit zwischen eigenen und kindlichen Bedürfnissen an Weihnachten:

»Mein Schatz, ich verstehe sehr gut, dass du gerne möchtest, dass wir alle zusammen Weihnachten feiern. Und dass es schwer für dich ist, immer nur bei Mama oder bei Papa zu sein. An Weihnachten wird das leider so bleiben – aber wir haben beschlossen, stattdessen immer am letzten Wochenende im Monat einen Ausflug zusammen zu machen. Wäre das eine Lösung, die dir auch gefällt?«

Nein auf Tinder und Co.

Fällt Ihnen noch die begehrte Sina ein?

»Ich verstehe dein Bedürfnis nach regelmäßiger Kommunikation und persönlicher Nähe, für die ich leider immer etwas mehr Zeit brauche. Ich freue mich, dass wir diese doch wesentlichen Unterschiede so schnell herausfinden konnten. An dieser Stelle wünsche ich dir alles Liebe und freue mich, dass du meine Ehrlichkeit respektierst.«

»Es ist schön, dass du deine Erwartungen so offen kommunizierst – und mir damit die Gelegenheit gibst zu akzeptieren, dass ich ihnen nicht entsprechen kann. Ich wünsche dir, schnell die Person zu treffen, die du verdienst. Alles Gute!«

Nein zu Eltern

Und noch einmal Katja, deren Eltern sich in den Schwiegersohn verliebt hatten …

»Ich kann verstehen, dass ihr so sehr an Frederik hängt. Auch für mich war es kein leichter Prozess. Allerdings wünsche ich mir, dass ihr mich nun als geschiedene Frau seht – und meinen Ex-Mann als jemanden, der gerne Teil unserer Familie war, sich inzwischen aber wieder neu orientiert hat. Vielleicht können wir das als Familie, die wir vor ihm waren, auch?«

Und Kathrin mit Rudis Carepaketen:

»Papa, ich weiß, dass Nahrung für euch nach dem Krieg das Wichtigste war, und verstehe, dass du mir damit deine Liebe und Fürsorge zeigst. Aber ich spüre sie auch so – ohne dass du extra einkaufst und zur Post gehst! Sicher habe ich die Liebe zu Lebensmitteln von dir geerbt, denn ich bin damit ja heute sehr erfolgreich. Ich würde mich freuen, wenn du öfter zu uns kommst – auch zum Essen –, damit du siehst, was wir am liebsten mögen! Und was es heute so alles gibt – vielleicht entdeckst auch du mal wieder etwas Neues, das du gerne magst?«

Nein zu Patchwork

Wir erinnern uns an Heike, die Matteo plötzlich getrennt vor ihrer Tür fand:

»Durch meinen Lebensweg habe ich bereits sicher herausfinden können, dass ich kein Familienmensch bin. Unsere heimliche Beziehung ist daher genau das, was zu mir passt, und die Form, in der ich uns liebe. Wenn dich das in einen Konflikt mit dir selbst und deiner

Familie bringt, verstehe ich das und würde deine Trennung von mir jederzeit respektieren! Aber ich möchte dich ehrlich wissen lassen, dass ich der Verantwortung einer Patchworkfamilie nicht gerecht werden kann. Und ich bewundere jeden, der dieses Lebensmodell für sich wählt.«

Nein zu Nachbarn und im Homeoffice

Vielleicht ist Ihnen noch einmal Ilka im Kopf, die ebenfalls vom alleinerziehenden Paket-Nachbarn und anderen Geräuschen heimgesucht wurde:

»Ich fühle mich geehrt, dass du mich in deine privaten Belange einbindest. Leider sehe ich mich dem aktuell nicht gewachsen. Ich bin sicher, ein anderer tut sich da leichter.«

»Es tut mir wahnsinnig leid, dass ich das mit deiner Schwiegermutter gestern mithören konnte. Es muss wirklich belastend sein, dass sie nur 300 Euro Rente bekommt. Ich bin extra bei mir oben ins Schlafzimmer gegangen, damit ihr ungestört telefonieren könnt und eure Privatsphäre gewahrt bleibt, aber die Akustik im Haus ist wirklich sanierungsbedürftig.«

Nein zum Wohnungsmarkt

Oder Mia und Jonas, die endlich zusammenziehen wollen:

»Vielen Dank, dass Sie so großes Interesse an unseren Steuerbescheiden haben. Leider erachten wir die Herausgabe unserer privaten Daten nur als zielführend, falls uns die Wohnung gefällt – daher müssen wir uns an dieser Stelle leider bereits wieder verabschieden. Sicher finden Sie schnell geeignete/transparentere Mieter.«

Nein zu Freunden

Die einstigen Busenfreundinnen Hannah und Lena:

»*Liebste Freundin, ich habe es sehr genossen, in den letzten Wochen an unsere innige Freundschaft von damals anzuknüpfen und dir in unserer Heimatstadt wieder ganz nahe zu sein. Leider merke ich, dass die Zeit und unsere individuellen Erfahrungen nicht spurlos an uns vorbeigegangen sind und uns verändert haben. Ich habe großen Respekt vor deinen familiären Prozessen, mein eigener Fokus liegt jedoch im Alltag mehr auf meinen autonomen Entscheidungen. Deshalb musste ich schweren Herzens feststellen, dass unser Kontakt für mich nicht mehr funktioniert. Wir hatten eine einmalige Lebenszeit zusammen, für die ich unendlich dankbar bin, die ich jeder Frau wünsche und immer in bester Erinnerung behalten werde* …«

Nein zu Tieren

Oder die erschöpfte Eva mit Klaas und Chico:

»*Sehr geehrte Damen und Herren, auch wenn dies nicht den Tatsachen entspricht, verstehen wir Ihren Eindruck, wir würden Chico gegen ein Kind eintauschen. Dieser Vorwurf zeigt uns umso mehr, wie sehr Ihnen das Wohl Ihrer Schutztiere am Herzen liegt! Auch für uns ist er ein Familienmitglied, sodass wir seine Hundebedürfnisse ganz und gar erfüllt sehen wollen! Leider lässt unsere eigene, veränderte private und gesundheitliche Situation nicht länger zu, dem artgerecht nachzukommen.*

    Daher kommen wir mit großem Bedauern auf die von Ihnen in Ihrem Schutzvertrag festgelegten Bedingungen zur Weitervermittlung zurück und geben Chico ausschließlich vertrauensvoll noch einmal in Ihre Hände – da wir selbst erleben durften, wie sorgfältig und gewissenhaft Sie ein Zuhause für ihn aussuchen. Dabei möchten wir Ihre hohe Professionalität weiterhin mit allen gesammelten Informationen über ihn unterstützen. *Wir freuen uns darauf, mit diesem gemeinsamen Ziel ab jetzt wieder konstruktiv und sachlich mit Ihnen zusammenzuarbeiten!*«

Last-Minute-Neins

Und last, but not least Kim und ihre Schilddrüse:

»*Es tut mir leid, denn ich weiß den Behandlungstermin heute wirklich zu schätzen und die Menschen und Mühen, die außer mir daran hängen. Allerdings muss ich an dieser Stelle abbrechen, da ich nicht restlos überzeugt bin. In Anbetracht des einmaligen, nicht rückgängig zu machenden Schrittes für meinen Körper bitte ich um Verständnis!*«

Zuckersüß, oder?

Im Idealfall bekommen Sie es sogar hin, dass der andere keine weitere Möglichkeit hat, Ihnen zu widersprechen, denn Sie haben ja sogar seinem Unmut nebenbei schon zugestimmt.

Geben Sie niemandem die Chance, Nein zu Ihrem Nein zu sagen!

Seien Sie stattdessen wie eine Teflon-Pfanne: Mit einer Spezialbeschichtung gegen emotionale Angriffe, auf die Sie stets wieder nur auf der Sachebene, also ohne Emotionen, antworten – auch, wenn es schwerfällt!

An solchen Stellen darf nun ganz und gar der Sachbearbeiter in Ihnen übernehmen, der doch sicher auch irgendwo in Ihnen schlummert …

Und schließlich und endlich lösen wir hier auch unsere Katzengeschichte! Wenn Ihre Nachbarin also auf Sie zukommt, können Sie Ihr zum Beispiel sagen:

»Ich weiß es wirklich zu schätzen, dass du mir deine Tiere anvertraust. Solche Lebewesen sind schließlich noch einmal etwas ganz anderes, als die Post hereinzuholen oder die Pflanzen zu gießen! Meine Schwester hat ebenfalls Katzen und ich weiß, wie aufwendig die artgerechte Betreuung ist! Man muss ja nicht nur füttern, sondern auch bürsten, reinigen, streicheln und spielen! Ich finde es toll, dass du dich so einer Mammutaufgabe im Leben angenommen hast, für die mir mein Leben leider keinen Platz lässt – auch nicht wochenweise. Die Tiere sollen ja keinesfalls unter meinem Beruf leiden. Für so etwas muss man wirklich gemacht sein. Von daher muss ich dir leider absagen.«

Und falls Ihre Nachbarin nun selbst anfängt zu jammern, die Sache herunterspielt und kratzbürstig meint, Sie müssten da bloß Futter reinschmeißen und täglich ein bisschen frischen Fisch dünsten, fangen Sie Ihre Wut gekonnt auf und fügen elegant hinzu:

»Ich verstehe deinen Unmut! Meine Schwester ist an dieselbe Grenze gestoßen und hat letztlich sehr gute Erfahrungen mit einer professionellen Betreuung gemacht. Gerne helfe ich dir und suche noch heute für dich den Kontakt der besten Katzenpensionen hier im Umkreis heraus!«

Haben Sie es gemerkt?

Wenn Sie (generell) in Ihrer Antwort betonen, wie wichtig und konzentrationsintensiv die Ihnen angedachten Aufgaben sind, erhöhen Sie schon ein wenig die Hemmschwelle des Ja-Wollers, sich mit seinen selbst gewählten Zuständigkeiten an Sie/andere zu wenden.

Scheuen Sie sich außerdem nicht davor, auch mal eine Person wie die Katzen-Schwester zu erfinden, mit der (und ihrer fiktiven Lösung!) der Ja-Woller sich identifizieren kann, ohne sein Gesicht zu verlieren. Oder davor, Ihr Licht gelegentlich unter den Scheffel zu stellen, das heißt, eine Unfähigkeit einzugestehen (zum Beispiel zu bedauern, etwas nicht leisten zu können, zu sagen, dass ein anderer sich leichter täte, unkomplizierter als Sie sei oder flexibler), obwohl Sie es eigentlich schon könnten. Wir ANSler haben leider häufig den Impuls, unserer Umwelt unsere unglaublichen Fähigkeiten unter Beweis stellen zu wollen (die wir ja auch haben, sonst wären wir ja nicht so gefragt!). Das müssen Sie aber nicht – Sie wissen doch längst, was Sie alles so können! Sie sind gut genug als der, der Sie sind, auch und erst recht mit Ihrem Nein.

Lassen Sie andere doch zur Abwechslung mal denken, dass Sie zu wenig intelligent oder belastbar sind, kurz, unqualifiziert für den ganzen Kram, den man von Ihnen will – und schon wird es ruhiger um Sie. Aber das ist doch jetzt auch gelogen?! Na ja, im Unterschied zur Notlüge tun Sie dies hier nicht aus Angst, sondern aus Geschick.

Die meisten Formulierungen enthalten übrigens Ich-Botschaften. Also nicht »Du verlangst zu viel von mir!«, sondern »Ich kann dem nicht gerecht werden«. Statt »Du solltest mich nicht« lieber »Ich bevorzuge es, wenn« oder »Falls möglich, wünsche ich mir« und so weiter. So fühlen Sie sich sofort gut, weil Sie sich abgegrenzt haben – und der andere sich nicht angegriffen.

Egal aber, wie Ihr Nein im Einzelnen ausfällt – hilfreich ist in jedem Fall das folgende Baukastensystem:

- **Fremdbedürfnis aufgreifen**
- **Wertschätzung ausdrücken**
- **Ich-Botschaften senden**

- Ablehnung äußern

- Präsenz zeigen (zugewandt bleiben, Gefühle des anderen aushalten!)

- Eventuell Alternative anregen

Mit diesen Elementen sind Sie nämlich auf der sicheren Seite, im Sinne von »Sie haben sich zwischenmenschlich nichts zuschulden kommen lassen«. Natürlich kann es noch immer sein, dass der andere mit Kränkung, Wut, Kontaktabbruch oder sonstigen Ausdrucksweisen *seiner persönlichen Grenzen* reagiert – das jedoch bleibt innerhalb seines Tanzbereichs. Denn Sie haben auf respektvolle Art und Weise Ihren aufgezeigt. Manche Tänze sind Walzer oder Flashmobs – andere Solo-Einlagen. Und so ist es dann eben.

Noffirmationen

Affirmation bedeutet *Bejahung* und stammt vom lateinischen *affirmare* = bestätigen. Entsprechend geht es dabei um Sätze, die stets positiv und bejahend formuliert sind, um uns Bestätigung und Stärkung zu geben.

Im Gegensatz zu unseren aus Erfahrungen abgeleiteten unbewussten, meist negativen Glaubenssätzen dienen Affirmationen uns dazu, diese aufzulösen. Indem wir sie bewusst aussuchen und als Gegenmittel verinnerlichen!

Sollten Sie sich also zum Beispiel unsichtbar fühlen, als sähen oder hörten andere Sie nicht, sagen Sie sich stattdessen: »Ich werde gehört« oder »Ich werde wahrgenommen« oder »Ich bin für jedermann sichtbar« und so weiter. Alles, worauf es ankommt, ist die Umkehrausrichtung. Damit Sie aus dem Gefühl, in das Ihre bisherigen Erfahrungen Sie geführt haben, herauskommen. Denn wenn Sie sich unsichtbar fühlen, verhalten Sie sich auch so, andere reagieren entsprechend darauf und Sie wiederholen unwissentlich das, was Ihnen einmal widerfahren ist – Sie dadurch aber immer noch glauben. Damit stecken Sie unnötig in einer Zeitschleife fest – in diesem Fall der des *Sich-unsichtbar-Fühlens*. Und so findet Ihr Unterbewusstsein, mit diesem Auftrag im Gepäck, immer neue Situationen und Lebensumstände, in denen sich wiederum Ihr Ego prima sonnen kann, um zu sagen: »Siehst du, du bist unsichtbar – ich hatte wieder mal recht!«

Um dieses Muster zu durchbrechen, können Sie Affirmationen benutzen – auf unser Thema bezogen nennen wir sie hier noch gezielter *Noffirmationen*.

Noffirmationen lassen sich vielfältig verwenden – ob mündlich bei der Spiegelarbeit, durch Aufschreiben oder lautloses Denken nach dem Aufstehen, vor dem Einschlafen und zwischendurch. Wie ein Mantra! Wichtig ist dabei nur, dass wir sie uns passgenau aussuchen und regelmäßig wiederholen.

Dabei macht es wieder nichts, wenn Sie erst mal weder glauben noch fühlen, was Sie da Neues denken, sagen und/oder schreiben. Irgendwo muss man ja anfangen! Machen Sie bitte ungeniert trotzdem weiter, es wirkt nämlich letztlich wie Selbsthypnose! Je öfter Sie sich selbst diese neuen Botschaften über sich erzählen, desto mehr nimmt Ihr Unterbewusstsein sie an. Wie ein Holz, das Sie täglich lasieren. Und irgendwann blicken Sie zurück und fragen sich, warum Sie sich das alles mitteilen – denn es ist doch eh klar, oder?

Früher oder später werden die positiven bejahenden Sätze dann zu einem echten Gefühl, einer überzeugten Denke (Mind-Set) und einem selbstverständlichen Verhalten – und damit zu Ihrer neuen inneren Wahrheit und äußeren Realität. In der Sie rundum abgegrenzt sind, worauf andere wieder entsprechend reagieren und Sie unwissentlich auch wiederbekommen, was Sie glauben und so weiter. Ihr Ego ist da inhaltlich nicht wählerisch! Es wird Ihnen auch diese neuen Überzeugungen zuverlässig bestätigen wollen. Und damit dürfen Sie fortan in einer neuen Zeitschleife kreisen, in der Sie jederzeit ohne schlechtes Gewissen freundlich, aber unmissverständlich Nein sagen können – eben dem gelobten Nowana!

Noffirmationen können Sie sich ganz kreativ selbst erfinden oder mit denen anfangen, die ich hier als »Starterkit« für Sie zusammengestellt habe:

Ich kann mich abgrenzen.

Ich kann jederzeit ablehnen, wenn ich etwas nicht möchte.

Nein zu sagen fällt mir leicht.

Menschen reagieren positiv auf mein Nein.

Mein Nein bringt mir Respekt ein.

Mein Nein gehört zu mir.

Ich sage Nein, weil ich ehrlich bin.

Wenn ich Nein sage, habe ich nichts zu befürchten.

Es ist mein Recht, Nein zu sagen.

Mein Nein dient auch anderen.

Mein Nein verteidigt meine Lebenszeit.

Mein Nein beschützt meine Energie.

Mein Nein verbindet mich mit den richtigen Menschen.

Mit jedem Nein übernehme ich Eigenverantwortung.

Mein Nein ist die Wahrheit über mich selbst.

Es ist schön, Nein zu sagen.

Neinsagen bringt mich mir näher.

Je öfter ich Nein sage, desto mehr bin ich *ich*.

Ich darf Nein denken, fühlen und sagen.

Mein Nein hilft mir, mein Leben zu leben.

Nein zu sagen ist in Ordnung.

Ich spreche lieber ein wahres Nein aus als ein gelogenes Ja.

Ich darf Nein sagen.

No to go

Im ersten Teil dieses Buches haben Sie bereits Bekanntschaft mit einem ausführlichen »No to go« gemacht. Ich habe es vorangestellt, weil es gewissermaßen die »Eintrittskarte« in Ihre neue Nein-Welt der inneren Erlaubnis, Ermächtigung und Ermutigung darstellt. Im Folgenden nun habe ich diese Eintrittskarte weiter aufgefächert – und Ihnen ein »Best-of No« zusammengestellt, das sich von den Affirmationen insofern unterscheidet, als dass Sie die Botschaften nicht auswendig lernen und im stillen (Spiegel-)Kämmerlein aufsagen müssen, sondern diese mobil sind. Sie können sie zum Beispiel kopieren, ausschneiden und griffbereit verteilen. Ins Handschuhfach oder die Handtasche. Oder Sie schreiben sich Ihre Lieblingsbotschaft auf ein Post-it und kleben es sich an einen Ort wie den Kühlschrank oder Ihren Badezimmerspiegel, sodass Sie sie häufig sehen und Ihr Unterbewusstsein erinnern. Man könnte sie auch als Spickzettel bezeichnen. Vor allem in der Öffentlichkeit können Sie Ihnen sehr hilfreich sein – indem Sie bei einer Frage erst mal vom Zeitgewinnen Gebrauch machen und in Ihrem Portemonnaie kramen. Denn vielleicht ist die eine oder andere Botschaft die Brücke über genau das Quäntchen, das Sie gerade dann von Ihrem Nein trennt – und kann Ihnen vor Ort helfen! Entscheiden Sie selbst, wie und wo diese Botschaften, von denen Sie manche nun bereits kennen, in Ihrem Leben Verwendung finden. Vielleicht sogar als Wandtattoo …?

Nein ist kein Wort, sondern ein Prozess.

Hinter jedem Nicht-Nein steht eine Biografie.

Nein ist ein vollständiger Satz.

Jedes Nein ist ein Ja zu mir selbst.

Nichts ist anstrengender, als nicht man selbst zu sein.

Jedes Nein beschützt mein wahres Ich.

Nein zu sagen ist ein seelisches Grundrecht.

Nur wer sich abgrenzen kann, kann anderen nahe sein.

Mit jedem Nein übernehmen wir Eigenverantwortung.

Nein ist kein Wort, sondern ein Weg.

Nichts ist so schlimm, wie Neinsagen sich gut anfühlt.

Nein ist die Wahrheit über uns selbst.

Übung macht den Neinster.

Wo mein Nein ist, ist mein Weg.

Je mehr ich mich traue ich selbst zu sein, desto automatischer zeigt sich mein Nein.

Lieber ein echtes Nein als ein gefälschtes Ja.

Mein Nein darf mich immer begleiten.

Ich habe auch die Möglichkeit Nein zu sagen.

Mein Nein passt auf mich auf, auch wenn das nicht jedem passt.

Wenn ich mein Nein brauche, ist es da.

Mein Nein setzt anderen Grenzen und verschafft mir dadurch Freiheit.

Ich sage Ja zu meinem Nein.

Ich darf jedes Nein in mir spüren, sagen, zeigen und leben!

Spieglein, Spieglein rund ums Nein

Vielleicht ist Ihnen das Wort »Spiegelarbeit« im Zusammenhang mit der Amerikanerin Louise Hay ein Begriff, die diese weltweit bekannt gemacht hat. Auch in Sachen »Nein« können wir die Spiegelarbeit, in für unsere Zwecke abgewandelter Form, nutzen.

Im Prinzip geht es dabei – wie der Name schon sagt – wortwörtlich darum, sich vor einen Spiegel zu stellen und sich selbst wunderbare Sachen zu sagen! Um damit Ihr Selbstbild, in diesem Fall speziell Ihr solides *Nein-Ich,* zu stärken.

Vielleicht erinnern Sie sich auch noch an Mary Poppins, deren Spiegelbild ihr im Alleingang ein anderes, viel frecheres Ich gezeigt hat? Das gar nicht daran dachte, das wiederzugeben, was Mary ihm vorgab! Warum sollte das nicht auch bei uns gehen ...?

Vielleicht stehen auch Sie anfangs noch mit einem zögerlichen, angstbehafteten *Nein* auf den Lippen oder gar Ihrem alten pauschalen Ja-Lächeln vor dem Spiegel. In Ihnen aber – und damit im Spiegel, der Ihr *wahres Ich* spiegeln will – steckt viel mehr! Genau das müssen Sie nun in den Spiegel hineinprojizieren, damit es Sie daraus anstrahlt und Sie es wiederum annehmen können. Klingt kompliziert? Funktioniert! Ich sage mal: *Fake it till you make it!*

Je öfter Sie sich im Spiegel ansehen, während Sie voller Überzeugung etwas Nein-mäßiges sagen, das Sie vielleicht innerlich noch gar nicht akzeptieren, desto mehr werden Sie es sich dennoch glauben – weil Sie es, mittels des Spiegels, an sich *sehen.*

Ihr Unterbewusstsein nämlich nimmt die Sachen durch diesen Trick viel besser auf, denn nun ergänzen Sie Ihre ohnehin machtvollen Gedanken noch um Ihre sichtbare, zum Nein gehörige Mimik und Gestik, die Ihre Augen an Ihr Gehirn weiterleiten. Das diese Diskrepanz zwischen vielleicht noch nicht stimmigem Gefühl, aber doch optischem Beweis sofort wieder flugs versucht übereinzukriegen (siehe Physikunterricht/Ausgleich)! Denn in Ihnen sitzt ja auch noch der Wissenschaftler, der nüchtern sagt:»Ich glaube nur, was ich sehe!« Zu diesem Zwecke kriegt er nun den Spiegel vorgehalten, mit Ihrem sichtbaren Nein-Korpus darin. Sie werden sehen: Bald zieht Ihr Innen schrittweise nach.

Machen Sie doch öfter mal eine kleine *Audition* (Vorsprechen) und sehen Sie sich selbst dabei zu, wie Sie sich als oscarprämierter Schauspieler um die Rolle einer felsenfest abgegrenzten Person bewerben. Ein Nein-Casting! Und im Anschluss daran machen Sie den ganzen Tag *Method Acting*. Das ist das, wobei die Hollywood-Stars auch privat in Ihren Rollen bleiben (siehe Jim Carrey, der Charlie Kaufman verkörpern durfte).

Sehen Sie sich bei der Spiegelarbeit stets freundlich, abgegrenzt und selbstzufrieden an – vor allem, wenn Sie es noch nicht sind – und lieben Sie sich auch hier wieder in allen dabei anfallenden akuten Ja- und schwachen Nein-Zuständen und auf jeder Etappe!

Vor dem Spiegel stehend lesen Sie sich zum Beispiel die *Nos to go* vor oder sprechen die *Noffirmationen*. Oder improvisieren Sie frei – besonders mit Nachrichten, die Sie sich selbst noch am wenigsten glauben und die Ihr Unterbewusstsein folglich am dringendsten benötigt.

Am Anfang werden Sie sich auch hier eventuell noch reichlich doof dabei fühlen, weswegen Sie die Sache unter Ausschluss der Öffentlichkeit durchführen sollten.

Probieren Sie zum Einstieg einfach mal Folgendes aus, täglich direkt nach dem Aufstehen:

Heute ist ein schöner Tag für ein Nein!

Der Spiegel ist ein machtvolles Instrument – und daher auch als Motiv in Geschichten (die uns Weisheit vermitteln sollen) sehr beliebt. Denken Sie nur an den Spiegel *Nerhegeb*, den *Spiegel des Begehrens* in Harry Potter, das Spiegelkabinett auf der Kirmes (von dick bis dünn täuschend echt!) und den Zauberspruch »Spieglein, Spieglein an der Wand« aus Schneewittchen. Wir glauben gern, was wir im Spiegel sehen. Also schicken Sie Ihr ideales Nein-Ich doch mal dorthin voraus, um es dann daraus anzunehmen.

Viel Vergnügen mit Ihrem ganz privaten *Eigentlich-Spiegel*.

No-Journaling

Beim No-Journaling geht es um die Dokumentation Ihrer Nein-Erfolge. Natürlich nur für Sie ganz privat – und am besten gerade dann, wenn Sie das Gefühl haben, keine Fortschritte zu machen! Ein Journal ist prinzipiell ein Tagebuch – allerdings orientiert sich dieses nicht zwingend an Ihren Tagen, sondern Ihren Nein-Erlebnissen und Gelegenheiten dahingehend zu wachsen. Notieren Sie lediglich Ihre Erfolge!

Den Rest lassen Sie weg. Ein Prinzip, dass die Sumseeule und ich von jeher in Sachen Knecht Ruprecht anwenden – den kennen wir nämlich gar nicht, sondern freuen uns jedes Jahr bloß auf den Nikolaus. Machen Sie es einfach genauso und lassen Sie strafende Instanzen, wie den inneren Kritiker, außen vor. Die bösen Buben, die uns unsere vermeintlichen Verfehlungen vorhalten, bringen uns nämlich nicht weiter, weder im Innen noch im Außen. Sie schwächen uns nur.

Der wesentliche Nutzen des No-Journaling also ist, dass Sie lernen, sich ausschließlich auf Ihre Erfolge zu konzentrieren und nicht wieder in die »Finde den Fehler im rechten-Bild«-Kiste zu verfallen, schon gar nicht in Bezug auf sich selbst. Auch das No-Journaling wird Ihr Selbstbild verändern – in diesem Fall dahingehend, dass Sie immer häufiger feststellen werden, wie gut und immer besser Sie tatsächlich Nein sagen und sich abgrenzen können. Durch diese Bestätigung (schwarz auf weiß gewissermaßen, oder eben rosa) entsteht ein Gefühl, das Sie wiederum zu neuen und größeren Nein-Erfolgen beflügelt. Wie ein Spirale nach oben!

Welche Form Sie beim No-Journaling verwenden, bleibt Ihnen ebenfalls überlassen – allerdings hat es in unseren digitalen Zeiten mehr Kraft, wenn Sie Ihre Notizen (hand)schriftlich verfassen. Egal ob mit Textmarker, Füller, Kugelschreiber oder Fineliner in Pastelltönen. Gesammelt auf losen Zetteln in einem Schuhkarton, in einer Kladde, einem alten Schulheft oder einem eigens gekauften gebundenen, funkelnden Glitzer-Booklet. In Stichpunkten oder ganzen Sätzen. Wichtig ist nur, dass Sie es tun!

Und bitte vergessen Sie nicht, auch passive und indirekte Neins wahrzunehmen, zu erfassen, anzuerkennen, wertzuschätzen und sich dafür zu loben und zu belohnen!

Jeder Swipe nach links, jedes Like, das Sie nicht gedrückt haben, obwohl Ihr Finger gezuckt hatte (weil Sie sich doch gegen die virtuelle Datensammlung Ihres Kaufverhaltens im Internet entschieden haben), jedes Mal, wenn Sie nicht automatisch gelächelt haben, als ein Fremder Sie im Supermarkt in ein Gespräch verwickeln wollte, indem er öffentlich kritisierte, dass Sie Plastikflaschen kaufen – Sie aber nur gesagt haben: »Danke für den Hinweis!« –, ist ein Nein zu etwas, das Sie auch hätten fälschlicherweise bejahen können. Durch Worte, Körpersprache oder Verhalten. Fangen Sie klein an, aber seien Sie keinesfalls kleinlich – alles zählt!

So weit verstanden? Prima, dann geht es jetzt los …

Hier ein paar Beispiele:

- *Habe heute endlich den Schlüssel nachmachen lassen. Der Verkäufer im Laden war mir ein wenig zu nett. Während er mich sofort duzte, bin ich konsequent beim Sie geblieben!*

- *Keinen Kuchen gekauft, dafür endlich eine leckere Buddha-Bowl gemacht, mit Hummus, Rote Beete und Edamame!*

- *Heute mal nicht mit den Kollegen in der Kantine gewesen, stattdessen Meal-Prep am Vortag gemacht, Geld gespart!*

- *Türklingel ignoriert – Aufsätze fertig korrigiert!*

- *Beim Bäcker Extra-Shot Espresso und Plastikdeckel abgelehnt!*

Die Ständige Nein-Kommission

Die *Ständige Nein-Kommission* ist eine weitere schöne Möglichkeit, sich von innen heraus zu stärken – durch Leutchen, die sich zwar abermals in Ihnen befinden und die es auch im Außen gibt, also »in echt« –, die Sie diesmal aber selbst wählen. Diese illustre Truppe bildet die SNK, Ihre persönliche *Ständige Nein-Kommission*!

Dazu schnappen Sie sich gedanklich Menschen, die Sie für besonders gut abgegrenzt halten. Das heißt solche, die auf Sie distanziert, kühl, erhaben und unnahbar wirken oder zum Beispiel über so viel Temperament verfügen, als dass Sie mutmaßlich cholerisch bis aufbrausend reagieren, wenn man sie mit einer Sonderaufgabe betraut. Was sich ohnehin niemand trauen würde. Nicht sonderlich sympathische oder einladende Charaktere also.

Das können Prominente sein, Politiker, Influencer, Reality-Stars und Sternchen, Filmfiguren, Sportler, Romanhelden oder Ihr alter Mathelehrer. Weswegen wir ihnen auch gar nicht zu nahetreten, sondern uns nur auf das Bild, das wir von ihnen haben, beziehen. Und dabei lediglich auf den Wesensanteil, der uns bei den Mitgliedern dieser illustren Truppe besonders ausgeprägt erscheint – und bei uns ANSlern gerne unterentwickelt ist. Ergo schneiden wir uns eine Scheibe davon ab, oft reicht auch schon ein Scheibchen …

Diese individuelle Taskforce, Ihr inneres Nein-Gremium nun, setzen Sie geistig an einen Konferenztisch in Ihrem Kopf. Dort hat die SNK Ihren ständigen Sitz. Sie sollte aus mindestens drei Personen bestehen, nach oben hin sind wieder einmal keine Grenzen gesetzt, in Ihnen darf größenmäßig auch gerne die Ministerkonferenz, der Europarat oder die UNO tagen.

Bei dieser Übung nämlich geht es schlicht darum, dass Sie ein weiteres Tool in sich tragen, auf das Sie in schwachen Momenten oder solchen akuter Entscheidungslosigkeit zurückgreifen können. Dann befragen Sie Ihren Rat!

Entweder wird Ihnen Ihre mögliche Mischung aus Putin, Winnetou und Ruth Bader Ginsburg direkt antworten oder aber mindestens ein Gefühl vermitteln, sich die Sache noch einmal gut zu überlegen. Wie auch immer Ihre Befragung – zum Beispiel auch eines inneren *Ältestenrats* – ausfällt: In jedem Fall hilft Ihnen die SNK, eine Entscheidung ausschließlich aus der angstbefreiten rationalen Warte Ihrer Bedürfnisse und Kapazitäten heraus zu beleuchten, bevor Sie mit Ihrem Urteil nach draußen gehen, das heißt die Empfehlungen und Beschlüsse der SNK zu Ihrer Realität werden lassen.

Setzen Sie sich doch selbst gleich einmal an den Kopf Ihrer Kommission, an einen schicken langen Konferenztisch, und lassen Sie sich beraten. Sie werden staunen – denn Ihr innerer Meister Yoda wird vielleicht etwas ganz anderes vorschlagen, als Ihnen spontan vorschwebt. Und doch sind es am Ende Sie!

Die inneren Nein-Abgeordneten aber werden Ihnen helfen, die stärksten Anteile aus sich herauszukitzeln, denn: »Nein natürlicher Bestandteil deines Lebens ist!«

Good-to-No-Meditation

An dieser Stelle möchte ich Ihnen gleich zwei Meditationen vorstellen. Die eine dient der *Heilung* vergangener Nein-Erlebnisse in Ihrem Leben, die andere Ihrer gegenwärtigen kraftvollen *Abgrenzung* – genannt die *Dornröschen-Meditation.*

Die Heilungsmeditation eignet sich besonders gut, um Ihre Nein-Kompetenz weiter zu stärken, indem Sie als gescheitert erlebte Nein-Situationen in Ihrer Erinnerung noch einmal wachrufen und neu durchleben. So, als hätten Sie wunschgemäß reagiert oder, noch besser, *agiert!*

Für die Bilder in unserem Gehirn macht es nämlich keinen Unterschied, ob Sie etwas tatsächlich erlebt haben oder es sich vorstellen, das heißt, ob eine Erfahrung eine *echte Erinnerung* oder bloß *pure Fantasie* ist. Der Unterschied entsteht erst durch unser Bewusstsein! Also unser *Wissen* darum, was wahr ist und was nicht. Doch *wahr* im emotionalen Sinne ist letzten Endes jedes Gefühl, das eine Begebenheit in uns hinterlässt.

Wenn Sie träumen, Sie wären im Dschungel, und dort zum Beispiel vor einem Tiger auf der Flucht, schüttet Ihr Körper genauso viel Adrenalin aus, als stünde die Großkatze leibhaftig hinter Ihnen, nicht wahr? Vielleicht wachen Sie sogar schweißgebadet auf und atmen so schnell, als wären Sie wirklich gerannt? (Es sei denn, Sie sind sich dessen bewusst, dass Sie gerade nur träumen, und können daher gänzlich entspannt sein. Diese Gabe nennt man »luzides träumen«, aber im Zusammenhang mit unserer Heilungsmeditation sehen wir sie hier als Ausnahme an.)

Jedenfalls wirken sich die geträumten Kopfbilder genauso auf unseren Puls und unser Innenleben aus wie unsere Nein-Fantasiereise auf unser angestrebtes Gefühl, dass wir uns guten Gewissens klar und unaufgeregt abgrenzen können. Insofern tragen auch imaginäre Abgrenzungsereignisse zu unserem Abgrenzungsselbstbewusstsein bei!

Und damit wir ganz nebenbei Heilung unserer Nein-Verletzungen erfahren und uns außerdem nicht krampfhaft irgendeine Situation überlegen müssen, bedienen wir uns einfach solcher Augenblicke, in denen Sie sich subjektiv als »gescheitert« erlebt haben (siehe *Es gibt keine Fehler/kein Scheitern, nur Erfahrungen*).

Und apropos träumen: Im Laufe Ihrer persönlichen Nein-Arbeit können Sie Ihre Nein-Fortschritte ohnehin selbstständig am Traumbarometer ablesen!

Sobald sich Ihre Traumszenen dahingehend verändern, dass Sie sich selbst darin so verhalten, wie Sie es gerne möchten, also als wirksam erleben, ist Ihr neues Nein-Bewusstsein auch in Ihrem Unterbewusstsein angekommen. Und dort soll es hin! Achten Sie einmal gezielt darauf, ob sich in Ihren Träumen etwas spiegelt, das Sie hier vorab bewusst aufgenommen haben. Und erschrecken Sie bitte nicht, wenn Sie dabei – zunächst – noch einmal von Ihren stärksten Nein-Miseren im Leben träumen und sich diese vielleicht sogar noch schlimmer gestalten als in Wahrheit erlebt. Ihr Unterbewusstsein realisiert, dass Sie sich mit dem Thema befassen, und ruft dazu erst mal alle verfügbaren »Dateien« im Kopf auf. Das ist so, wie wenn Ihr Zimmer erst mal chaotisch aussieht, weil Sie ausmisten, aber am Ende strahlt alles ordentlicher als jemals zuvor! Das mag Außenstehenden nicht so erscheinen, Sie aber wissen, dass es so wird – denn Sie tragen ja Ihre Vision in sich.

Für unsere Heilungsmeditation nun bedeutet der Umstand der geringen Gehirn-Unterscheidbarkeit zwischen Erinnerung und Fantasie, dass wir die Möglichkeit haben, ein Erlebnis mittels unserer Vorstellungskraft noch einmal anders zu erleben, zu bewerten und damit unser daraus resultierendes, vielleicht geschwächtes Abgrenzungsgefühl auch rückwirkend positiv zu verändern. Also den Glauben an unsere Fähigkeit, uns abzugrenzen, so ebenfalls anheben können. Unser *Abgrenzungsvertrauen*!

Da dieses Buch nach wie vor keinen Therapeuten aus Fleisch und Blut ersetzt, greifen Sie bitte auch hier wieder nur auf Erlebnisse mit Übergriffigkeitstypen der Kategorien I bis IV (*Ja-Hoffer bis Grenzenlose*) zurück beziehungsweise auf jene, die Ihnen individuell so erscheinen, dass Sie schadlos im Alleingang darüber meditieren können. Für schwerwiegende Ereignisse in Ihrer Vergangenheit (und die Einstufung derselben ist subjektiv und obliegt ausschließlich Ihrer eigenen Empfindung!) kontaktieren Sie bitte auch hier wieder einen Profi!

Schließlich soll die Meditation Ihnen helfen, etwas, das Sie gering, aber dennoch belastet, noch besser zu überwinden, und nicht zu einer Re-Traumatisierung führen. Das bedeutet, dass Sie sich bitte im Rahmen dieser Übung *keinesfalls* noch einmal in einen Zustand zurückversetzen, den Ihre Seele ohne Hilfe nicht bewältigen kann.

Überlegen Sie zuvor also sorgfältig, welches Ja-Erlebnis, bei dem Sie lieber Nein gesagt oder sich auch anders als verbal, zum Beispiel durch Nichtantworten oder eine andere Körpersprache, abgegrenzt hätten, Sie beackern und in Ihrer Erinnerung noch einmal als Erfolg durchleben möchten!

Waren Sie vielleicht einmal auf einem Blind Date und haben tapfer zwei Stunden durchgehalten, obwohl Sie am liebsten gleich wieder gegangen wären? Haben Sie eine unpassende Wohnung gemietet, nur weil die Vermieter so nett waren, oder sich nicht getraut, dem Klassenlehrer Ihres Sohnes am Elternsprechtag bei einer Ungerechtigkeit etwas entgegenzusetzen – oder der Frau, die sich im Supermarkt vor Sie in die Schlange gestellt hat?

Sicher fallen Ihnen ein oder zwei solcher Szenen aus Ihrem Leben ein und gerne auch mehr – denn natürlich können Sie die Meditation beliebig oft wiederholen!

Zur Veranschaulichung greife ich persönlich gerne auf ein Erlebnis in einem Kaufhaus zurück, genauer in der Damenoberbekleidungsabteilung ...

Um etwas Zeit vor einem Arzttermin in der Innenstadt zu überbrücken und der winterlichen Februarkälte zu entfliehen, bummelte ich verlegenheitshalber in ein Luxuskaufhaus hinein – um schlicht auf der anderen Seite wieder hinauszugehen. Dabei musste ich im Erdgeschoss durch eine Abteilung mit sehr bunten Pullovern, die – ganz abgesehen vom Preis – auch aus anderen Gründen nicht für mich infrage kamen.

Einer davon war der unvorteilhafte Schnitt, nämlich so kurz, dass die Fabrikate stets genau an der breitesten Stelle des Körpers aufhörten, meiner gebärfreudigen Hüfte, und der Umstand, dass keiner davon einer Waschmaschine zu nahe treten durfte. Es handelte sich um Produkte, die fast schon einen grünen Daumen erforderten: Handwäschefasern!

Dennoch magisch von den chakrenfarbenen Kaschmirstoffen angezogen, berührte ich ehrfürchtig ein pinkes Modell mit roter Schrift, die besagte: *Big Mama.* Und kaum, dass ich wusste wie mir geschah, zog eine Verkäuferin mit blutroten Lippen (Referenzperson: meine ehemalige gefürchtete Französischlehrerin) den Pullover gekonnt mit nur einer Hand vom Bügel, legte ihn mir über den Arm, klebte etwas darauf und sagte, ohne mich eines Blickes zu würdigen: »So, da haben Sie Ihr Bapperl für die Kasse, dann hab ich das weg!«

Was soll ich Ihnen sagen? Sollten Sie mich einmal sehen, dann wahrscheinlich in diesem Pullover, kombiniert mit einem sehr langen Rock und hohen Hacken, was einen Rest Figurwürde rettet. Ich muss ihn nämlich ziemlich oft tragen, denn neue Pullover kann ich mir für den Rest meines Lebens nicht mehr leisten.

Falls Sie also auch solche Sachen auf Lager haben, dann nehmen Sie jetzt einen bequemen Sitz ein und atmen tief durch. Dann schließen Sie die Augen.

Gerne können Sie sich dabei von einer Räuchermischung oder Duftlampe begleiten lassen. Gerüche können uns helfen, tiefer in die nötige Ruhe zu kommen, da sie uns auf der Sinnesebene ansprechen und uns somit schneller in eine andere Welt entlassen als unser Verstand, um den Blick nach innen zu richten.

Bevor Sie sich nun also nochmals in die unliebsame Abgrenzungssituation zurückversetzen, ist es wichtig, dass Sie diese voll und ganz akzeptieren.

Sagen Sie ruhig dreimal laut:

»Ich akzeptiere, dass es passiert ist, und den Ich-Zustand, in dem ich damals war. Ich konnte es nicht besser lösen, da mein früheres Ich keinen anderen Horizont hatte. Dadurch, dass ich es erlebt habe, konnte ich mich auf die Nein-Reise machen und einen neuen Maßstab entwickeln.«

Lassen Sie alles, was danach auf Sie einströmt, erst einmal ungefiltert zu – Sie dürfen auch gebührend betrauern, was Ihnen widerfahren ist. Weinen bedeutet, dass sich etwas löst, das in Ihnen ist und noch Raum braucht!

Vielleicht müssen Sie zu derselben Situation auch mehrfach meditieren, alles ist richtig, normal und erlaubt!

Wenn Sie sich dann wieder gesammelt haben, überlegen Sie nicht nur rational: *Was würde ich anders machen?*, sondern erlauben Sie Ihrem *wahren Ich,* in der Szenerie herumzuwüten. Bestärken Sie es darin, dass es seinen kühnsten Träumen folgt und sich nach Herzenslust abgrenzen kann! Vielleicht ist es dabei in einem ganz anderen Alter und/oder es schießt anfangs übers Ziel hinaus – schreit beleidigt oder stampft, wirft den Pulli auf einen Haufen und rennt aus dem Laden. Bald aber wird es sich einpendeln, auf eine Reaktion, die realistisch gewesen wäre. An dieser Stelle dann starten Sie die Szene noch einmal von vorn und ändern die Handlung – schließlich sind Sie der Regisseur!

Wenn Sie dann irgendwann das Gefühl haben, eine alternative Erinnerung geschaffen zu haben, die Sie sich selbst glauben können, und sich Ihre Emotion dazu verändert, zum Beispiel von hilflos zu selbstbewusst, sagen Sie wieder dreimal laut:

»Ich weiß, dass es so nicht war – aber so hätte sein können. Weil ich dies nun erfahren konnte, werden andere, neue Begebenheiten von vornherein so verlaufen, wie ich es möchte. Und auch, falls ich dazu noch Übung brauche, bin ich mit mir im Reinen!«

Denn Widerstand gegen die Vergangenheit raubt uns Energie, die wir für den Fokus auf die Gegenwart brauchen, die wir im Hier und Jetzt – durch die Reflexion der Vergangenheit – beeinflussen können.

Verabschieden Sie sich dann aus der Situation und danken Sie den Menschen, die darin vorkommen, dafür, dass Sie immer dort sein werden, damit Sie jederzeit mit ihnen arbeiten und durch sie lernen können.

Atmen Sie dann wieder tief durch und öffnen Sie Ihre Augen. Beenden Sie das Ritual auch äußerlich, indem Sie zum Beispiel die Räuchermischung entsorgen oder Ihr Meditationskissen aufräumen.

Ähnlich verfahren Sie mit der *Dornröschen-Meditation*.

Auch hierfür suchen Sie sich einen ungestörten Ort und eine Zeit, in der Sie konzentriert für sich sein können. Zum Beispiel vor dem Schlafengehen oder nach dem Aufstehen. Oder natürlich, wann und wo es Ihnen beliebt – sogar im Zug!

Schließen Sie die Augen und atmen Sie so lange tief durch, bis Sie den Eindruck haben, sich für einen Moment aus der klassischen Realität ausklinken zu können. Dann begeben Sie sich gedanklich auf einen Waldspaziergang! Riechen Sie das Moos, spüren Sie den federnden feuchten Waldboden unter Ihren Füßen und horchen Sie auf den Kuckuck …

Das Besondere an dem Wald, durch den Sie laufen, ist, dass er ganz allein Ihnen gehört. Er ist Ihr bewaldeter Kreidekreis, sozusagen. Wie Dornröschen, das hinter einer Hecke schlummerte, haben auch Sie darin ein geschütztes Refugium – eine Lichtung, vollkommen von Brennnesseln umgeben. Ein kleiner Pfad führt Sie dorthin und nur Sie kennen den versteckten Einstieg, durch den Sie unbeschadet hindurchschlüpfen können. Nehmen Sie bitte mitten auf der Lichtung, Ihrer Lichtung, Platz! Fühlen Sie das? Hier sind Sie ganz und gar geschützt!

Die Größe der Lichtung gibt die Größe Ihres inneren Kreidekreises wieder, also auch Ihres äußeren Bedürfnisses nach Abstand oder Nähe. Ist die Lichtung riesengroß oder winzig? Je nachdem benötigen Sie im wahren Leben denselben physischen Radius zu anderen Menschen, um sich wohl- und angenehm abgegrenzt zu fühlen, zum Beispiel schon an der Supermarktkasse. Wie auch immer der Durchmesser Ihrer Lichtung ausfällt – das ist Ihr schon oft bemühter Tanzbereich! Vielleicht waren Sie sich seiner Größe bisher nicht bewusst.

Auch hierher, zu Ihrer Brennnessel-Lichtung, können Sie jederzeit zurückkehren und sich darin so sicher und beschützt fühlen wie Dornröschen im unbescholtenen Tiefschlaf hinter ihrer Hecke. Und selbst mit geöffneten Augen wird Ihnen dieser magische Rückzugsort in Ihrem Kreidekreis-Wald jederzeit helfen, Ihre Grenzen besser zu spüren, zu sehen und zu wahren. Ziehen Sie sich hierher zurück und laden Sie sich neu auf, wenn Sie Ihre Grenzen übertreten sehen, oder versetzen Sie sich jederzeit spontan hinein, wenn Sie sich im Außen in einer laufenden Situation wiederfinden, die eine starke Abgrenzung von Ihnen erfordert.

Atmen Sie nun wieder tief durch, werfen Sie einen letzten Blick zurück und öffnen Sie Ihre Augen.

Willkommen zurück in Ihrem neuen Nein-Alltag!

NO BIG –
Vision Board und Ziele

Möglicherweise ist Ihnen das *Vision Board* oder die *Visionstafel* bereits ein Begriff. Dabei geht es darum, sich ein *Dream Board* zu gestalten, also eine Pinn- oder Magnetwand, auch digital zum Beispiel als Bildschirmschoner, auf dem Sie alle Ihre Wünsche und Träume abbilden. Mittels Fotos, die Sie aus Zeitschriften ausschneiden, oder solchen, die Sie im Internet finden. Es können auch Zitate dabei sein, Skizzen oder Farbstimmungen. Denn bei alledem gibt es nur eine Guideline: *Dream big!*

Egal, welche Vision Sie für sich auf den Gebieten Gesundheit, Beziehung, Beruf, Wohnen und für weitere Bereiche Ihres Lebens entwickeln, in sich tragen und verfolgen – hier dürfen Sie groß träumen (siehe *If you can dream it, you can do it!*).

Denn vielleicht ist Ihnen, neben unserem Zitat von Walt Disney, den wir im Rahmen der Selbstermächtigung und Nein-Kompetenz bemüht haben, auch das amerikanische Sprichwort *Shoot for the moon* ein Begriff?

Gemeint damit ist, dass man grundsätzlich das höchstmögliche Ziel im Rahmen einer Vision anpeilen soll, wovor sich jedoch viele Menschen scheuen. Aus Angst vor der Enttäuschung, falls sie es verfehlen, und den damit verbundenen Gefühlen des Versagens. Andere fürchten gerade, dass Ihre Wunschträume wahr werden könnten – aus unbewussten Glaubenssätzen heraus, diese Erfüllung nicht wert zu sein, nicht zu verdienen oder ihr nicht gerecht zu werden. Auch mögliche Reaktionen anderer wie Neid, Verurteilung und Distanzierung befeuern unsere Selbstsabotage und sorgen dafür, dass wir uns oft nicht einmal in Gedanken trauen, uns unser Leben in den schillerndsten Farben auszumalen!

Mir persönlich geht es nicht anders – trotzdem halte ich es so, dass ich immer den Mond anstrebe, denn selbst wenn ich am Ende nur einen Luftsprung mache, war dieser nur möglich, *weil* ich mir den Mond zum Ziel gesetzt hatte. Und das alles übertragen wir nun auf unser *No Board*! Wie sieht Ihr Leben aus, jetzt, da Sie richtig gut darin geworden sind, sich abzugrenzen?

Welchen Unterschied macht es für Sie, dass Sie sich mithilfe der Inhalte dieses Buches dazu befähigen, Ihre Realität – in allen Abteilungen – nach Ihren Vorstellungen, Fähigkeiten, gemäß Ihrer Intuition und Ihren Grenzen zu leben? Wie beflügelt Ihr solides *Nein* Ihre Tage, Ihr Glück, Ihre Zufriedenheit, Ihre Gesundheit und den Respekt, den man Ihnen entgegenbringt – durch Freunde, Familie und Kollegen? Wer sind Sie, wenn Sie konsequent Ihr individuelles *No Big* leben?!

Vielleicht spüren Sie schon beim Lesen dieser Zeilen ein Kribbeln (siehe *Die Angst davor ist die Lust darauf*) und freuen sich, vor Ihrem collagenhaften No Board zu stehen und das Ergebnis dessen zu betrachten, dass Sie sich nach Lust und Laune abgrenzen können – so, wie es Ihrem *wahren Ich* entspricht. Kreieren Sie Ihr No Vision Board!

Und bilden Sie darauf in allen Sparten ausschließlich die Realität ab, in der Sie sich befinden, wenn Ihr Nein aufgeräumt hat. Sind Sie noch in Ihrer jetzigen Wohnung, Beziehung, Ihrem Beruf, Ihren Freundschaften und Ihren Finanzen? Oder sieht Ihr Leben vielleicht ganz anders aus?

Hängen Sie das Board an einem Platz auf, an dem Sie es täglich sehen. Im Schlafzimmer oder im Bad, am Kühlschrank oder an Ihrer Wohnungstür. Oder digitalisieren Sie es und speichern Sie es als Hintergrund auf Ihrem Handy. So wird Ihr Bewusstsein täglich daran erinnert und Ihr Unterbewusstsein wird es ebenfalls als Wallpaper übernehmen.

Herzlichen Glückwunsch – diese Visualisierung Ihres Lebens inklusive feuerfestem, kugelsicherem Kreidekreis ist nichts anderes als das Cover Ihrer persönlichen und einzigartigen, handsignierten *Nowana-Bibel!*

Neinmasté –
verneine dich vor dir
selbst!

Da sitzen wir nun – unterm Gipfelkreuz!

Ich hoffe, ich habe Ihnen nicht zu viel versprochen, als ich sagte, dass es kein Spaziergang wird, aber auch, dass Sie sich darauf freuen dürfen, den *Mount Nein* zu bezwingen. Denn jetzt sind Sie hier oben, und das verdanken Sie sich!

Sie haben gelesen, die Zettel-Stift-Kiste gemacht, nachgedacht, ausprobiert, sich mit sich selbst auseinandergesetzt, geräuchert, gejournalt, geheilt und gelernt, hier und da eine neue Perspektive einzunehmen. Für diesen Kraftakt dürfen Sie sich an dieser Stelle einmal ausgiebig vor sich selbst verbeugen!

Ihnen und Ihrer Bereitschaft zur Selbstreflexion gilt mein allergrößter Respekt. Und so will ich Ihnen auch verraten, warum ich so große Freude an den Nein-Wanderungen habe und mit Ihnen hier oben stehe: Weil ich mich an *Ihrem* Anblick erfreue, wie Sie den Blick nun stolz in die Ferne schweifen lassen und auf die umliegenden Gipfel. Es sind die Höhen, die Sie erreichen können, wenn Sie im Nein-Training bleiben.

Jede dieser majestätischen Bergkuppen (vergleiche das No Board) symbolisiert einen Bereich Ihres Lebens, wie er ab jetzt sein kann – schneebedeckt und sonnenbeschienen – kraft Ihres Neins!

Leben Sie es, genießen Sie es! Für sich und niemanden sonst. Die richtigen Menschen (die Ukulele-Hörer also) werden sich bald automatisch zu Ihnen gesellen und Sie gerne begleiten.

Und mit diesem neuen Bewusstsein, nämlich unter anderem dem, was Sie mit einer gesunden Abgrenzung so alles beeinflussen können, kommt auch schon wieder die (Eigen-)Verantwortung vorbei. Denn wer etwas für sich bewirken kann, kann es auch für andere. Und so möchte ich Ihnen zum Schluss noch die Königsdisziplin vorstellen: No yourself!

Überlegen Sie sich, wozu Sie in Ihrem Leben vor sich selbst Nein sagen wollen. Das kann eine destruktive Beziehung sein, Fleischkonsum, Plastikmüll, unnötige Ausgaben oder karmische Umweltverschmutzung in Form von Lästereien über andere oder Hass auf den Expartner, der Vater oder Mutter Ihrer gemeinsamen

Kinder ist. Trotz starker Gefühle, die uns alle in solchen Lebenslagen umspülen, kann ich Sie nur ermutigen, Ihren eigenen Nein-Stil zu leben, der auch Sie selbst umfasst. Definieren Sie Ihre Werte und autorisieren Sie diese mit Ihrem Nein, unabhängig von den Aktionen oder Reaktionen anderer auf Sie.

Und was nun die Prinzessin aus dem Schloss Nymphenburg anbetrifft, so haben die Sumseeule und ich uns einen schönen Reim ausgedacht, um ihr zu helfen. Sie dürfen ihn gerne mitbenutzen:

**Nein, nein, so soll es nicht sein! So ein Nein,
das ist fein, soll zu meinem Schutze sein.**

Und jetzt gehen Sie da raus und zeigen der Welt Ihr schönstes Nein!

**Geben Sie anderen Menschen die Chance,
an Ihrem Nein zu wachsen.**

Ihr wahres Leben freut sich auf Sie!

Ihre Annette Lies

Über die Autorin

Als erster *Nomedian* vereint Annette Lies Hilfestellung und Humor zum Thema Nein. Die sechsfache Roman- und Drehbuchautorin sammelte ihre Expertise bei zahlreichen Übergriffigkeiten, Sonderaufgaben und unliebsamen Rollen im Berufs- und Privatleben, bevor sie sich in einer Verhaltenstherapie von ihrem destruktiven Muster befreite. Heute lebt sie neinerfüllt in Hamburg, wo sie beschloss, dieses geheime Wissen mit der Welt zu teilen!